U0041930

不生氣的生活
9 種平息怒氣的方法

W. 伐札梅諦（W. Vajiramedhi）

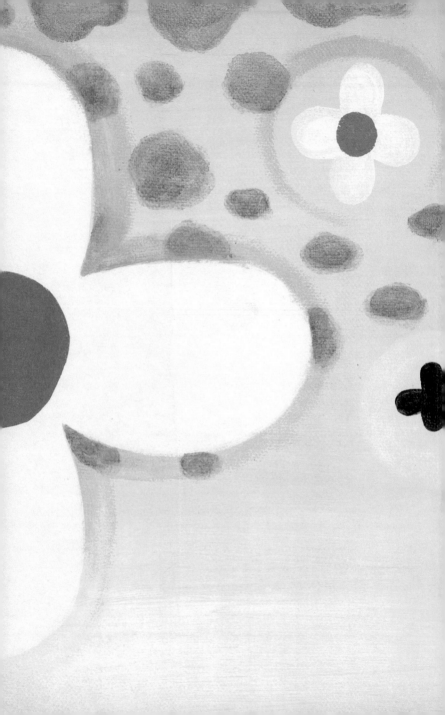

我們必須提出質疑，

為何經過千萬年的進化，

自己和全世界人類仍舊如此殘暴無情、充滿破壞力？

為何總是永無止盡地彼此爭戰？

—克理希那穆提（Krishnamurti），*The Network of Thought*

目　錄

【英文版編序】每個人都會生氣　　　　　8

作者序　　　　　　　　　　　　　　11

1. 氣憤的根源　　　　　　　　　　　17

2. 憤怒急救站　　　　　　　　　　　27

3. 憤怒到底是什麼？　　　　　　　　35

4. 你的怒氣如岩石、沙還是水？　　　43

5. 管理憤怒的藝術　　　　　　　　　47

6. 克服憤怒是最大的勝利　　　　　　55

7. 小心別落入憤怒的圈套　　　　　　61

8. 他真的有這麼壞嗎？　　　　　　　67

9. 逆轉乾坤，使頑石成花　　　　　　73

10. 別擁抱敵人的刀鋒　　　　　　　　　　79

11. 種瓜得瓜　　　　　　　　　　　　　85

12. 頭上是天就別怕下雨，生而為人就別

　　怕批評　　　　　　　　　　　　　93

13. 「標籤」分隔了你我　　　　　　　105

14. 少了我，世界照樣運轉　　　　　　113

15. 慈愛能治癒世界　　　　　　　　　123

16. 超越國界的友誼　　　　　　　　　133

17. 佈施的奇蹟　　　　　　　　　　　141

18. 解析怒氣根源，看到「不真實存在」　147

19. 以禪修根除憤怒　　　　　　　　　157

【英文版編序】

每個人都會生氣

每個人或多或少都有過生氣的經驗，但是你可曾注意到自己經歷的是哪一種憤怒？尤其你若是喜怒無常或急躁易怒的人，更應該好好自我檢視一番。

《不生氣的生活》一書，以作者寫給弟子普朗的書信形式，向我們介紹了人人皆有的三種憤怒：

1. 鋒刃深深刻入石頭的憤怒，無法原諒和遺忘。

2. 如棍棒畫過沙土表面的憤怒。

3. 如物體（輕輕）滑過水面之後，了無痕跡的憤怒。

詳細了解這三種憤怒後，你可以問問自己，深藏自己心中的憤怒到底屬於哪一種。你可能會說三種都有，而且這三種憤怒有時實在難以選擇，不易

辨認。沒關係，你就是因為要看清楚憤怒的真面目才閱讀這本書的。

　　「如果我們能夠究竟地洞悉自己的憤怒，洞悉冒犯自己的人的本質，也了解到他們並不知道他人不真實存在，不知道憤怒如同朦朧夕陽般易消逝，是虛幻且短暫、不屬於『我』的情緒，那麼我們很容易就能放下自己的憤怒和憤怒的對境，我們會很歡喜自己已將憤怒由心中淨除，如同把痰吐掉一樣。當憤怒不再束縛住你，你的心就自由了，而且永遠都會很輕安、清新、歡喜且平靜。」

　　因此，《不生氣的生活》一書適合所有知道自己仍不時被憤怒情緒消耗得筋疲力竭的讀者。

　　如果你天生暴躁、也不想改變自己的脾氣，你可以把本書當成枕邊書隨意看看就好，或者也可以偶爾採用書中的建議，以更穩定的情緒明智地面對自己的生活。這都是自己的選擇，你或多或少都會

生氣，但是一定要學會如何看透憤怒。

　　無論你有多麼暴躁易怒，本書提供的思想和智慧應該足夠讓你一夜好眠！

作者序

2003 年初，我在曼谷一所著名的大學舉行了一場公開的演講，與會者包括了學校教職員以及學生；那次我以一個問題作為演講的開始：「各位都是高級知識份子，請問，在場有誰不曾受過憤怒之苦？」詢問的結果是，在場沒有任何人否認自己曾經被憤怒影響過；換句話說，聽眾席中的每個人都曾體驗過憤怒的毒害：有些人會哭泣，有些人會感到受傷害、崩潰或失望，有些人則在心中留下不可磨滅的可怕回憶，還有人到現在仍深陷彷彿被困在黑暗洞穴的幽閉恐懼中，無法走出這些困境——他們還得繼續在職場上跟自己生氣的對象共事，這怎麼受得了？

除了在場人士之外，我們可以再繼續擴大觀察，我發現全世界的人類都面臨自心被憤怒之火所焚的可怕威脅；這其實就是國際恐怖主義的問題所

在，然而似乎鮮少有人察覺這就是恐怖主義的存在來源。憤怒看起來似乎無害，然而卻對全世界造成了威脅和恐懼，許多人因而失眠，或長期因此而失眠。

2003 年 10 月 21 至 22 日，美國總統蒞臨泰國，參加亞太經濟合作會議，與會的國家元首共有二十一位。如果我們留心觀察就會發現，美國總統在這次行程中似乎非常不悅且不安，即使有三、四百位軍警人員全面警戒，隨時跟在他身邊保護安全，但整個會議期間或會議之間，他還是顯得很恐懼且偏執，他心中既恐懼、但外表卻又這麼嚇人，怎麼會這樣呢？答案就是他所表達的立場是美國人因恐怖主義全球化而表現出「美利堅憤怒合眾國」（The United Strength of American Anger）（譯註：作者以 The United Strength of Anger 對美國國名 The United States of American「美利堅合眾國」做一有趣對照）的不滿和敵意，而身為「美利堅憤怒合眾國」的代表人物，他自然成為大部分恐怖份子憤恨與復仇的目標。

　　為什麼世界各國元首都逃不過憤怒的陰影？這恐怕是二十一位元首都沒有提出的問題。然而，我們可以問問自己並試著抓出重點，我們到底是怎麼陷入這樣的情境裡呢？

　　《不生氣的生活》一書，是集結如何有步驟地處理憤怒的演講而成，但你也會在書中看到更進一步的詮釋和內容的多元性。我深深期望所有被憤怒的黑暗力量所擒縛的人，都能全面且毫無偏見地閱讀本書，如此將能見到心中的曙光，並且帶領自己從「憤怒」的險難中解脫；也許尚不能永遠解脫，但或多或少都能達到某種程度的解脫，總比任由自己被憤怒耗竭到一不小心暴怒起來而登上報紙頭條好多了。

　　毫無疑問的，克服憤怒將帶給你一夜好眠。

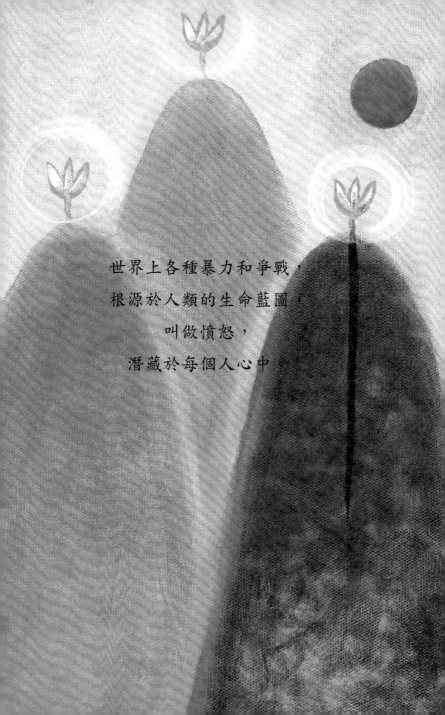

世界上各種暴力和爭戰，
根源於人類的生命藍圖，
叫做憤怒，
潛藏於每個人心中

1

氣憤的根源

親愛的普朗，

謝你依言從倫敦寫信給我。泰國的雨還是下個不停，但是雨季已接近尾聲，天氣也逐漸轉涼，所謂一雨成秋啊！最近我忙著寫教本，有些日子也帶領禪修課程；我注意到近幾年來有愈來愈多年輕人對禪修產生了強烈的興趣，我會在近期課程中詳加說明。

昨天我接到了一個弟子打來的長途電話，聽聲音就能感受到他的痛苦憂惱，他一開口就請求我幫助他平息憤怒。他是個留學海外、擁有高學歷的公司總裁，員工超過五十人，公司資本額超過上億泰銖。你一定不相信他竟然無法戰勝自己的憤怒。

這樣的人應該說他是成功還是失敗？

　　不管怎樣，我建議他先冷靜下來好好聽我說。由於他已經認識我很久了，聽我這麼一說，馬上乖乖順從。我要他舉起一隻手，檢查看看五隻手指頭是否一樣長，「如果你希望大拇指跟中指一樣長，或者希望無明指和小指一樣短，」我告訴他，「那麼你肯定會非常痛苦。」他問我這麼說是什麼意思，我說：「因為違反自然原則的願望是絕對不可能實現的。」

　　如果你的欲望不切實際，就注定要痛苦。

　　你也許想不透「五隻手指分析法」跟這件事到底有何關連，我就直接說了吧。這位先生之所以大發雷霆，是因為一個部屬沒有在他指定的限期內完成一件重要的案子，當這位職員向他報告工作尚未完成時，他自然而然就長篇大論地訓了職員一頓。

　　雙方各執一詞，公說公有理，婆說婆有理，各自都覺得理直氣壯。最後這位重要部屬先失去了耐性，一氣之下向他辭職，發誓再也不會踏進公司一

步，而且撂下狠話說，公司沒有他一定會倒閉。事
情經過就是這樣。而我的弟子，這位公司總裁當場
被惡毒的挑釁氣得渾身發抖。不過，等到這位職員
離開他的視線後，心中的盛怒馬上就被深深的懊悔
所取代，現在他不氣這位部屬了，反倒更氣自己失
去控制，造成自己和倚賴已久的左右手就這樣分道
揚鑣。

你可以設身處地想像一下，如果你是這位剛失
去重要部屬的老闆，而且這位部屬很可能一去不回
的話，你會不會氣急敗壞？會不會懊悔不已？如果
我是他的話，我想我可能會氣自己氣到七竅生煙。

不過，我的氣急敗壞並不是因為失去了重要
部屬，而是懊悔自己竟然讓脆弱的友誼劃下一道鴻
溝。

有一個座右銘我一直謹記在心：人生當中，
絕對不要對任何人失去耐性，也不要疏遠任何人，
更不要製造機會讓他人變成你的敵人。中國人有句
代代相傳的話：「好友五百猶說少，怨敵僅一便是

多。」

　　無論是私人或職場的人際關係，人與人之間都必須先彼此了解、信任對方、把手言歡、決定一起合作和成長之後，才能成為朋友，這個過程要花上很多年的時間；但是有一天，突然之間，就因為某些事情不順遂，我們的脾氣就來了，結果可能一言不合而割席絕交，而這一切都是因為我們讓自己淪為一時暴怒的犧牲品。

　　任何人自然都會對這種狀態感到悲哀。事件發生後，隨著時間的流逝，我們開始發現自己做錯事了，懊惱到無法自拔，這樣的感受不斷地縈繞心頭，讓我們感到心痛。這就是為什麼我之前說，人生當中，千萬不要樹敵，因為我們不但會被敵人傷害，還會被那些記錄在潛意識中無法磨滅的痛苦回憶所折磨。

　　我告訴那位弟子，就好比五根手指頭的長短不同，每個人的腦子也都不盡相同，因此無論是對你的部屬、朋友、親近的人或弟子，在告誡他人或對

他人暴跳如雷之前，要先問問自己：「我是否將對方放在適當的位置上？」在責備或告誡他人之前，每次都要這樣思考，如此我們就會發現，更該被責備的可能是自己。這讓我想起了一首詩：

> 聆聽你大放厥詞的人似乎不懂你在表達什麼，
> 你因而輕蔑並鄙視對方，
> 你為何不將這生氣轉向自己呢？
> 因為你竟然沒能讓他了解你所說的話。

　　說到這裡，我注意到電話那頭的聲音已經變得輕快多了，最後他終於可以自我解嘲一番，並向我保證以後再也不會發生這種事了。隔天接到他的電話時，我很高興，他說他已經把事情搞定，雙方皆大歡喜，於是我問他事情發生的經過。

　　「對不起，都是我的錯。」

　　他就這樣直接跟部屬道歉，如此簡潔有力的表

達，讓一切倏然雨過天晴。

　　普朗，你一定在想，「對不起，都是我的錯」
這麼簡單的一句話，怎會如此迅速有效。

　　每個人都想要被重視，這是人之常情。我們心
中或多或少都有「自我情結」，這跟天生的性格有
關；有些人的自我情結很強，有些人則較自卑，總
是躲躲藏藏地，有些人則渴求關注，喜歡被照顧。
無論是什麼情結，佛陀都統稱為簡潔的「我」和
「我的」，佛學名相則為「我」和「我所」。

　　其中較重要的、需要倍加觀察的是「我」，因
為如果沒有「我」，那麼「我所」便不會接著產生。

　　上面的故事中，這位總裁的左右手一聽到老闆
說「對不起，都是我的錯」，就馬上氣消的原因，
即是因為他不再覺得他的「我」有錯，而是老闆的
「我」錯了，由於不再被對方指責有錯而感到罪
惡，他的「我」便從罪惡感和譴責中解脫；而他的
「同意」復職也讓他覺得他的「我」被一種優越感

所提升了。

　　這聽起來似乎很簡單容易，但是實際運作起來可難了，因為鮮少會有老闆願意對部屬低聲下氣，妥協自己的「我」。

　　我想我們可以說，這是個「管理自我」的秘訣。

　　如果你能深入了解自己和他人的「我」，那麼就應該知道，若想快樂地生活在這個廣大世界上，就必須遵守以下幾條守則：

1. 千萬不要侮辱別人的「我」。
2. 不要把自己的「我」放在別人的「我」之前，這會導致兩人「我的」的紛擾。
3. 不要冒用別人的「我」（就好比「版權所有」一樣）。
4. 不要口口聲聲地提到「我」。

　　人們可以非常專注於自己的「我」，而我們今

天大略提到的生氣、怨恨、惡意、毀滅，都源自於這個「自我」情結。若不知如何斷除這個自我情結，有時就會演變成國家級或世界級的「自我膨脹」，就像美國那珍貴又不可侵犯的「我」一樣。

　　因此，所有憤怒的基礎來自「我」，從個人到國家皆是；只有斷除「我」之後，我們才會有能力斷除憤怒、苦惱和憂傷。就是因為如此，已證得「無我」的阿羅漢，實在找不到需要跟世界上任何人發生爭執和衝突的原因。

　　　　　　　　　　　　　　　　　　老師

憤怒急救站

親愛的普朗，

我在上一封信中向你提到，憤怒的根源來自於執著自己的「我」。你可能會覺得有點難以理解，也可能會跟我爭辯，說憤怒的產生應該是因為自己失去控制（或說沒有正念覺察）。這麼想雖然也沒錯，但我們先按部就班地探討，如果你耐心讀下去，我保證不用多久你就會茅塞頓開，豁然開朗。

前幾天我在一個健康中心講法，信眾請我講解一些控制憤怒的簡易方法。我準備了半小時的演講內容，接著則是問答時間；我花了整整半小時的時間，向大家解釋了九種對治憤怒的方法。大家聽完

之後都非常歡喜，但我不希望這些內容就此憑空消失，因此信手彙整了重點寄給你：

每當你覺得自己被憤怒消磨得筋疲力盡時，我建議你逐步運用以下這九種平息憤怒的方法。這些都是很基本的，我們可以視為患病時的急救方法，進行急救之後，再循序漸進地做進一步的治療。

1.先讓自己遠離會引起憤怒的現場。你可以從那個冒犯你的人身邊走開，或離開那場會議、研習會或談判現場、飯廳或宴會場所。總而言之，就是盡快離開那個怒火延燒的地方。

接著你應該找一個可以讓心情放鬆的地方，一個令你覺得安適的處所，例如到洗手間洗把臉、沖個澡，甚至可以清洗一下洗手間或做一些能夠讓心平靜下來的事情。你也可以找聖賢良師說說話，讓自己獲得平靜，或者跟知己好友吐吐苦水，這些都有助於降低你的焦慮。

你也可以做做運動、澆澆花、聽聽自己喜愛的音樂、或者觀賞一部自己最喜愛的明星所主演的電

影。不過，我建議此時千萬不要開車出去，也不要到海邊或河岸閒晃，因為一不小心很可能會釀成致命的悲劇。另外，也不要去賭博、從事惡行、酗酒或嗑藥，因為這些行為只會使你失去理智或正念覺察，讓情況更加惡化。

2.在平息怒氣、穩定心情、恢復理智和覺性之前，也不要跟別人接觸、談話、大意地讓步妥協、簽約、做決策或跟任何人合夥；因為在怒火熾盛的情況下所做出的行為，容易流於輕率、不明智，會造成品質不良的結果和莫大的損失。

3.切莫做出肢體的傷害行為，例如打自己、傷害自己、攻擊冒犯你的人、或任意摔東西。此時你也應該遠離尖銳的物品，比如刀具、剪刀、針、筆、螺絲起子，或者槍枝等武器、毒藥、繩索、安眠藥、鎮靜劑或殺蟲劑等等。

4.切莫做出言語的傷害行為。無論是對生氣的對象胡言亂語、叫囂怒罵、罵髒話、當面詛咒或大吼大叫，或在背後惡意批評、冷嘲熱諷、無禮地侮

辱對方的父母或攻擊對方的弱點，種種挑釁的言語只會火上加油，使情況更加惡化而造成兩敗俱傷。

5.切莫做出意念上的傷害行為。比如腦中不斷想著要如何報一箭之仇，或者在你明明臉紅耳赤、全身發抖、心跳加速、火冒三丈或胡言亂語的時候，衝動地決定發洩怒氣以刁難或激怒對方，表現出一副你沒錯、你不害怕、你可沒被嚇著、你一點也不在乎或你根本沒注意到，甚至表現出你沒有興趣的模樣。

6.怒火中燒時要避免接觸弄臣愚人、酒肉朋友或喜好阿諛奉承的人，因為當你氣急敗壞需有人勸息的時候，這些人絕對無法給你正確的建議，他們只會附和你說的話，最後也許還會慫恿你進行惡意的報復，這都只會雪上加霜而已。

一個怒氣沖天的人向弄臣愚人尋求建議，就好比重病患者向庸醫求醫一般，不僅痊癒的機會微乎其微，還會因為服錯藥而賭上自己的性命。如果你想要請教別人的意見，最好能夠選擇一個有智慧、

理性且成熟的人。

　　7.要謹記佛陀所說的:「自我提醒」,也就是說,當你察覺到自己已經開始生氣但尚未失控之前,就應該趕緊看著內心,提醒自己:「看看你!身為父親或母親、老師、上司、董事會理事長、機構的總裁、大學校長或國家的總統,身居要職,但看看你在做什麼?你竟然讓憤怒控制了自己,真是丟臉啊!你最好清醒一點,否則若再繼續讓憤怒占上風,可會傷害你的家庭、學校、機構、公司或國家!夠了,親愛的,不要再讓憤怒牽著你的鼻子走,造成更多的破壞了!」

　　在我剛剃度,有機會在偏遠的寺廟跟隨我的導師學習時,他教了我許多對治憤怒的方法:「每當你感到怒從心起,就用雙手摩擦剃光的頭,如此你就能夠運用出家人出離憤怒的覺性,從而恢復理智。」

　　8.沖個澡讓自己冷靜下來、到床上或佛堂做祈禱、聽一聽法教開示錄音或輕鬆的古典音樂,這些活動將有助於恢復你的正念覺察。比如說,一個

原本心懷惡念的人突然看到自己脖子上的佛陀肖像時，就會即時提醒他遠離邪念。

9.盛怒時別強迫自己靜坐禪修，因為此時你愈想專注，便會愈感到緊張壓迫，在這種壓力下，實在難以保持專注。這就好比正在全速前進的車子，倘若駕駛猛地踩下煞車，車子便極有可能突然翻覆，這樣一來，除了造成更多傷害之外，毫無助益。

盛怒的人若想嘗試以禪修來阻止自己的憤怒，通常無法讓自己恢復理智，反而會更加暴跳如雷。

我想這九個方法應該足夠在第一時間有效對治你的憤怒了，至少應該能夠讓你預防情緒失控，以免失去正念覺察而隨著自己的憤怒起舞。

我之後會再寫信，告訴你更多詳細的方法。現在你已經打下對治憤怒的基礎，我們稍後會再繼續探究如何將憤怒連根拔除。

老師

3

憤怒到底是什麼？

親愛的普朗，

你可能正在想，為什麼上一封信中我並未先提及憤怒的本質與憤怒發生的過程；這看起來似乎才是最重要的主題，但我卻在第三封信才提到，你可能覺得有點奇怪吧。

就讓我解釋一下決定這麼做的原因。人在生氣時，不太可能有足夠的正念覺察心去深入了解憤怒的本質。比方說，當房子失火時，第一件事應該是趕緊滅火，而不是站在那兒猜測誰是始作俑者。如果你先急著找出縱火犯卻沒有及時將火撲滅，那麼在你還沒會意過來之前，房子可能已經變成一堆飛灰了。

憤怒發生時就好比如此。在盛怒的影響下，你應當先照料你的怒氣，就像拿出急救箱趕緊包紮、隔離傷口一樣，接著才是去了解如何按部就班地淨除你的憤怒之心。

　　現在你應該明白為什麼我要將憤怒的本質及發生過程留到第三封信才解釋了吧？

　　憤怒有許多同義詞，比如狂怒或瞋怒等等，也就是惱怒、怨恨、蓄意表現敵意和惡意。心的垢染之中，力量最大的「總裁」就是惱怒和怨恨，因三種主要的染污而起：

　　1.貪：對世俗事物的欲求、慾望、對種種色聲香味觸或對悅意、歡喜、快樂念頭的貪著。

　　2.瞋：怨恚、惱怒、敵意、惡意、刁難、怨妒、懷恨的心態。

　　3.痴：無明、誤解、邪見、愚蠢、無知，不了解世界和生命真相的一種愚痴狀態。

　　上述三種心的污染是種種罪行的淵藪，每個人

都有這三種垢染，一般也說有「一千五百種垢染和一百零八種貪著」，但所有的垢染都只是此三種主要垢染的分支。

貪、瞋、痴三者皆具有導致其他惡行的特性，因此稱為「根本染污」。根據佛陀的開示，三者的差別在於造成傷害的程度及其消退速度的不同。

貪	傷害程度較低	消退速度慢
瞋	能造成極大的傷害	消退速度快
痴	能造成極大的傷害	消退速度慢

三種染污中，「痴」是最糟糕的。「痴」的另一個同義詞就是「無明」。你大概會覺得這個名相比較熟悉，我們泰國人比較習慣使用這個名相；但是常用並不表示我們真正了解它的涵義。有個故事說，一位住持在開示時詢問信徒：

「誰知道什麼是無明？」

「就是不知道啊，師父！」最靠近講台的梅燕阿媽大聲又清楚地回答，一時之間大家還沒會意過來，但顯然她一點概念也沒有。

　　「很好，梅燕阿媽，你真是聰明！我沒想到你竟然這麼了解高深的佛法！」

　　住持大大讚美了梅燕阿媽一番，其他信眾則驚訝得說不出話來，梅燕阿媽更是目瞪口呆，因為她一時無心的回答竟然道出了「無明」的真正意義。住持又朗聲繼續往下解釋，這下大家都開始明白了：

　　「無明」就是「無知」或「不知道（世界和生命的真相）」，巴利文 *avijjā* 的字首 *a* 是「無」，而 *vijjā* 即是「知識 (knowledge)」，兩個字合在一起「無知」即是「知」的相反，因此也稱為無明愚痴。

　　這時信眾爆出一陣大笑；另一方面，梅燕阿媽則搔搔頭，不知如何是好──自己雖然誤打誤撞答

對了，卻是因為無知，現在是要接受讚美呢，還是要為自己的不經大腦脫口而出而感到不好意思呢？

　　現在再回過頭來討論憤怒。憤怒來得急也去得快，但憤怒的易變本質並不表示它不具傷害性；相反的，生氣猛地發作，造成極大傷害之後，馬上又消退。形容憤怒最貼切的比喻就是熊熊大火：火焰一開始是一剎那間點燃的火星或火苗，然後開始向外延燒變成熊熊大火，造成極大的破壞，但火種燒盡之後，火焰隨即熄滅，因此泰國有句諺語說道：

　　「十個強盜不及一把火。」

　　這就是憤怒的本質，儘管來得急、發作的速度快、去得也快，但所造成的損失和傷害可不輸一場大火。

　　然而，「去得快」三個字有時只適用於貪和痴，某些人一旦起了憤怒懷恨在心，這些感覺就會沈積心中數十年，甚至一輩子都無法忘懷；但是對另一些人而言，只要保持自己的正念覺察並看透憤怒的

幻象,知道這只是一種無常的「情緒」,雖能造成痛苦,卻又是無我的本質(意為不存在),那麼,憤怒確實是瞬間即逝的;憤怒是短暫的,有來去的過程。

那麼憤怒如何顯現呢?我畫了一個簡易的圖示來解釋:

受到衝擊的階段 ━━━━▶ 激擾而起的階段 ━━━━▶ 付諸行動的階段

此處所謂的「衝擊」,就是當他人做出「出乎你意料」的事之後,你的心中便生起了憤慨、惱怒且激動的反應。

衝擊一旦發生,你心中潛藏的其他生氣可能就會受到擾動,猶如火苗般被點燃,此時若再吹來一陣風,火苗便一發不可收拾地漫延開來。我將這個階段稱為「激擾而起的階段」。

憤怒被激起並轉變為煩亂的躁動，讓你失控（失去正念覺察）之後，你便會無法控制自己而火冒三丈，於是暴跳如雷、怒形於色，並且以各種行為或言語表現出你的憤恨，甚至訴諸肢體攻擊或亂摔東西等等，這就是「付諸行動」的階段。

　　如同上面簡略描述的圖示一般，憤怒依不同程度而有其演變過程；如果你現在很生氣，我建議你不妨好好觀察一下自己的心，看看是否跟我描述的過程相符一致。如果發現了其他不相符的狀態，請儘管寫信來跟我討論，我很樂意接受不同的見解。

老師

4

你的怒氣如岩石、沙還是水？

親愛的普朗，

上次捎信給你時，我介紹了憤怒的本質和發作的過程，這次我建議你學一學自我檢視的技巧，看看自己跟外境互動時是屬於哪一種。為憤怒所苦的人大略可分為三種：

1. 怒如刻石者
2. 怒如畫沙者
3. 怒如水紋者

無論你為了何種原因而對他人感到不悅，切莫讓怒氣顯露於外；相反地，你應該歡喜地讓一無是處的憤怒在心靈深處持續發酵醞釀。

要常常記得把憤怒當作自己的親骨肉般，持續地滋養照料，不僅要照顧它，有時候還要日夜不斷地反覆思維它的成因。最糟糕的狀況是有人會讓徘徊不去的生氣占據心中，直到踏進棺材為止都還無法釋懷，無論如何就是無法將憤怒拋諸腦後。到最後，如果你帶著這些仇恨的包袱走上黃泉路，下輩子再投胎到世間時，你的相貌就會醜陋難看，心將會像乾枯的草木一樣痛苦扭曲，而你所說的話則不會受到人們的歡喜重視。

　　容易長久懷恨在心的人，我稱為「怒如刻石者」。

　　無論你為了何種原因對他人生起憤怒之心，切莫讓自己痛苦太久，而是要以智慧徹底思考，並找出憤怒的原因，最後就會有能力以智慧的方式凌駕自己的憤怒，而且在很短的時間內熄滅自己的憤怒。就如同用樹枝在海邊的沙灘上畫圖一樣，很快地，海浪就會洗去所有痕跡，於是海灘又像之前一

樣，一片乾淨空白。

雖生起憤怒，卻能夠不讓憤怒駕馭自己太久的人，我們就稱為「怒如畫沙的人」。

當你為了某種原因而對他人生起憤怒時，若能隨即以覺性回到正念覺察的狀態，了解自己的憤怒只是「暫時的情緒」，一點也不真實，如此一再練習而逐漸熟稔之後，便能當下就將憤怒放下；如同用樹枝劃過水面一樣，水波淹過之後，一切隨即消失，完全不留一絲痕跡。

憤怒生起後便生起覺察心，能夠當下就放下憤怒的人，我們便稱為「怒如水紋者」。

他們是世界上最快樂的人，因為他們絕不會讓自己沈湎在惱人的痛苦中，任由日常生活的憤怒來荼毒自己。

我想問問，你是哪一種人呢？怒如刻石、怒如畫沙或怒如水紋？別忘了要據實以告。

老師

5

管理憤怒的藝術

親愛的普朗，

憤怒猶如空中閃電。大寺廟、大教堂、宮殿、政府機關和城市中的摩天大樓都裝有避雷針，你看過嗎？因為人們知道，高樓若沒有避雷針，很可能會被雷電擊中，一眨眼間變成廢墟。然而裝有避雷針的摩天大樓或城堡等等，都將避雷針裝設在最顯而易見之處，當雷電被避雷針引入時，大量的能量便會被導引至地面，使所有的人毫髮無傷。

而寺廟、大教堂、城堡和各種圓頂或尖頂的建築物等等，之所以能夠屹立不搖、不為雷電所傷，就像上一段所說的，是因為人們利用中和電能量的方法，將雷電導引至地面。

普朗，我相信，就如同科學家將雷電導入地面一樣，你若知道如何導引並轉移自己的憤怒，那麼憤怒將會帶來廣大的利益。這麼說吧，與其淪為憤怒的標靶，既悲慘又消極，其實你可以把憤怒轉變為可供巧用的正面力量。

　　這個轉移消弭生氣的方法，我稱為「管理憤怒的藝術」或「轉化憤怒為創造力的藝術」，你可以隨己意擇一。

　　每日晚課之後，我的一個禪修老師通常會告訴我們一些他初開始學習禪修的經驗或故事。他說到自己當時仍在「垢染叢林」中困頓掙扎，努力克服重重難關。一天，他告訴我，在剃度出家之前，他是個暴躁易怒的人，脾氣火爆到身邊的人幫他取了個綽號叫「星辰終結者」，意思是他就像個熱氣逼人的大太陽，把所有膽敢接近他的星體都逼走了，無論走到何處，他總是孤單一人，沒有朋友，只有財富。但財富無法吸引他人、孩童或親朋好友跟他親近，大家都把他當作兇惡的老虎，蓄意跟他保持

「安全」距離。

　　剃度出家之後，透過禪修的訓練，他開始清楚地看到暴躁易怒會造成什麼損害。他繼續說道，練習禪修之後，每當憤怒生起時，他的正念覺察心就會引導他更深入地面對憤怒。

　　在達到這個真正能正念覺察的階段之前，有好多年的時間被自己的瞋恨耍弄得團團轉。接著他又說了另外一個經驗，進一步做解釋。

　　初剃度出家後有好一段日子，當禪坐無法安住時，他就會對自己生氣；愈生氣，就愈強迫自己長時間禪坐和保持專注，但是這樣打坐愈久，他就愈緊張挫敗。有天晚上，他被自己難以駕馭、無法專注的心搞得氣極了，於是衝進浴室洗了把臉，然後開始洗衣服，洗了好一會兒之後，發現怒氣竟然神奇地消失了，他感到清新無比、輕安飄然。

　　自此之後，無論對自己或他人生起怒氣時，他就會到浴室洗衣服；當怒氣消弭，衣服乾淨如新，他的心也隨之淨化了。

為什麼洗衣服的時候，他的怒氣就消融了呢？他解釋說，在進行這些清潔工作時，他的心不再執著於「怒氣」，而是將注意力轉移到這些清洗的動作上，因此，洗衣服便有效並善巧地「轉移了怒氣」，這個方法每次都很有效。我自己也試過這個方法，發現老師的話真是金玉良言。

　　以老師的指導為基礎，我也發現了其他能將怒氣這個負面能量轉變為正面能量的方法，我建議你試試這些方法，看看對你是否奏效。

　　1.打掃環境：清洗衣服和浴室（乾淨的衣物和浴室＝清淨的心）。

　　2.下廚烹飪（如此除了可增進自己的廚藝，還有美食可品嚐）。

　　3.閱讀好書（除了能平息你的怒氣外，這個方法也能使你的心智和知識有所增長）。

　　4.拈花弄草，幫草木澆澆水（植栽清新，自心歡喜）。

　　5.跟寵物狗狗玩耍（狗狗的純真能讓人返老還

童，跟狗狗玩耍能迅速放鬆心情，就像跟小孩子玩一樣，能讓我們覺得心變年輕了）。

6.玩玩拼圖遊戲（把你的心從憤怒的對象身上移開，轉而專注在如何將圖片拼湊完成，如此怒氣很快就會消失，而且還完成一幅漂亮的拼圖以裝飾自己的家。你的心專注了，也回到正常的心態）。

7.欣賞舊相本（追憶珍貴的過去，重溫舊日時光。回到過去，當下的憤怒便會被拋諸腦後）。

8.整理房間（即使是不生氣的時候，這也是很愉快的活動。整理完後，不僅房間煥然一新，你的心也會變得穩定、平和、條理分明，跟你的房間一樣清新乾淨）。

9.對知心好友傾訴心情（但要記得只跟親近的知己傾訴；在爆怒的當下跟他人交談是有害而無益的，因為這時你可能會亂發表意見，而好友則讓你有機會發洩怒氣，將惱人的怒氣降溫，最後冷卻熄滅）。

10.從事運動，但千萬不要打賭，否則你只會

更不高興（比方說，有些人決定打高爾夫以轉移怒氣，但是他們偏不乖乖打球玩玩就好，卻下注賭起輸贏，結果輸球讓他們更加惱怒，原先的怒氣還沒消弭，新的憤怒又火上加油，如此極易引起情緒的崩潰，因此我建議大家千萬不要這麼做。運動能放鬆肌肉、消除壓力、製造產生快樂情緒的腦內啡，讓你的身體感到神清氣爽、舒坦放鬆、滿足愉快且輕安）。

11.經行禪修（來回步行，先慢慢地踱步，再逐漸加快腳步；如果仍沒有幫助，你甚至可以跑步，一會兒之後你的憤怒就會消失了。不僅如此，這樣還能讓你的心更專注。原本你已經失去了覺察力，現在反而發展出生氣最害怕的敏銳心和正念察覺）。

事實上，還有其他許多可以駕馭憤怒的方法，此處只提出我親身體驗後證明有效的幾個方法，並且向許多人推薦過，他們也覺得很有效。你可以從

中挑選自己認為實用的方法，親自試試看。不過，我說的「試試看」，並非要你先挑起怒氣、然後去試試看。切莫迫使憤怒發生，讓它自然而然地來去即可。每當你發現自己生氣時，就試試我今天告訴你的這些方法，看看對你有什麼作用。要記得捎信來報告。

老師

6

克服憤怒是最大的勝利

親愛的普朗,

我的上一封信有點像是散彈打鳥,今天則要直搗黃龍,教你如何一箭中的,精準地對治你的憤怒。在巴利文經典中,佛陀闡述了許多調伏憤怒的方法,我在此要傳達並總結幾個我認為對在家人很實用的方法。

我在這封信中想告訴你的憤怒對治法,稱為「別辜負你的老師」,意思是,佛陀是佛教徒共同的導師,佛陀教導我們應該淨除憤怒,而他自己則已恆常地超越了憤怒。我們已經發誓成為他的弟子,如果還淪為憤怒的犧牲品,就好比讓老師顏面盡失一般。

根據佛陀所說的，對治憤怒的方法如下：

1.思維偉大導師的言教

偉大的導師，佛陀的愛普及一切眾生，因此，你應該不斷提醒自己，要做他的好佛教弟子。就像清新的雨水滋潤大地一般，佛陀的慈悲如此不求回報，教導世人和一切眾生要相互珍愛、和平共存、彼此善待，並以手足之情相待。他教導佛教弟子要不斷祈禱：「好比我們想要快樂、拒絕痛苦、恐懼死亡一般，世界上的所有眾生也都是如此」，以這樣的心態「站在對方的立場，為對方設想」。

在偉大導師的恩典中，如果你還辜負自己，讓自己淪為憤怒的犧牲品，在盛怒的當下心懷惡意，那麼你怎麼能夠說自己是個好的佛教行者？

2.侵犯他人者也許很卑劣，但回應者卻更可悲

佛陀說，為憤怒所驅的人已經夠不對了，但是被激怒而失去理智和正念覺察、故意以牙還牙的

人，卻比原先的挑釁者更加可悲。

因此，我們應該避免讓憤怒發作，變成惡劣的攻擊者；也要避免成為那個可悲的回應者，火上加油讓情勢更加惡化。

3.克服憤怒即是最偉大的勝利

偉大的導師佛陀警告我們，無論是誰為了何種原因而對我們發怒，假使我們可以控制自己不去回應他們的憤怒，維持心性的平靜穩定，不被激怒而造成身語意的傷害，那麼，在這個幾近不可能的任務中贏得勝利的，就是我們自己。

若能保持自我的平靜穩定，不以憤怒來回應憤怒，不對侵犯自己的人以牙還牙，那麼，當我們認知到自己的憤怒所指向的標的物其實是自己時，就能夠進而成就兩種利益，幫助自己和他人不至墮入悲劇的泥沼中。

如果你已經皈依導師佛陀，是一位佛弟子，那麼，切莫成為這場戰爭中的失敗者，不要再讓自己

淪為憤怒的犧牲品。

4.寧死也不成為憤怒的犧牲品

佛陀教導了何謂「忍辱勝行」，成為佛弟子之後，我們就不應該讓自己再度成為憤怒的犧牲品，輕易地被激怒。即使殘酷的盜匪將我們五花大綁，要把我們凌遲而死，身為讚揚忍辱功德的佛弟子，就不應該對盜匪憤恨以對，寧死也不要被生氣所毀。

老師

7

小心別落入憤怒的圈套

親愛的普朗，

謝你肯定我對佛陀教法的詮釋，我實在承擔不起你的讚美，因為我知道自己只是個未成就的傳達者。此處我也想解釋一下為何沒有逐字傳達佛陀的原始教法，而只是彙整轉述，如果你想知道這些節錄的內容出自哪一部經典、在巴利文典籍的哪一頁，儘管提問，我很樂意幫你找出來，讓你能夠進一步深入研讀。

這封信要告訴你有關對治憤怒的方法，我稱為「小心別落入憤怒的圈套」。佛陀曾明白指示憤怒所帶來的危險，例如：

1.易怒者的內心與面目皆可憎

愛生氣的人通常面目可憎，雖然他可能會用洗髮精、保養品或一籮筐的香水來保持乾淨清爽，並藉由髮型、刮鬍子和服飾讓自己的外表看起來無懈可擊，但假如他內心憤怒的火種總是在那兒悶燒著，那麼外表並不會因為服飾或香水而更莊嚴，反而總是看起來面目可憎。

2.易怒者容易輾轉難眠

愛生氣的人通常睡不好，輾轉難眠。即是睡在鋪著蕾絲邊羊毛床單的百萬名床上，擁有各種最先進的助眠產品，他的心仍被生氣所占據，柔軟舒適的床鋪終究無法讓他一夜好眠。

3.易怒者容易玉石俱焚，造成損失

愛生氣的人一發起脾氣來就會暴跳如雷，通常會拿自己或別人的東西亂摔。不僅如此，如果怒氣未得到消弭因而失控時，可能會大吼大叫、跟別人發生肢體衝突和爭執。情況愈混亂，他就愈覺得

受傷，變得愈極端並更具破壞性，而對方可能也會以言語或肢體加以反擊。如果情況不允許他對另一方訴諸暴力，他可能就會大肆破壞物品，或把其他無辜的對象當成出氣筒，比如說動物或其他器物等等。因此，易怒者注定要走上毀滅一途。

4.易怒的上位者，將失去風度而敗壞形象

某些易怒者不發脾氣時可能很聰明能幹，表現出色，以他對國家、宗教或統治者的盡心付出，實是大有可為，因而能逐漸平步青雲而聲名大噪。然而一旦他的雙眼和洞察力被憤怒所覆蓋時，一轉眼就像變了個人似的，盡做一些平常絕對不會做的事，表現得跟平常完全不同；雖然身居要職，卻表現得像個下位者；雖是個學識淵博的人，卻做出傻瓜的行為，毫無羞恥地大加展露他的愚痴，成為別人茶餘飯後的笑柄。由於這些有失身分的不當行為，他很快就會被貶職，再也無法玩弄他人於股掌之間；失去了高位之後，再也不具有影響力，也失去了所有的追隨者。

5.易怒者通常很不友善，也不討人喜歡

一個愛生氣的人心中通常沒有愛，一般而言，行為都很粗魯、野蠻且失禮，說的話也不中聽，而缺乏慈愛的心猶如燒著火炭的爐子，一經煽風點火便怒焰熊熊。因此，愛生氣的人通常都很孤單、不討人喜歡也不友善，就像灼熱的太陽一樣，對世界雖有極大的貢獻，卻沒有任何星星願意近身追隨。

6.易怒者下輩子注定步入悲慘不幸的命運

愛生氣的人通常沒有謹記佛陀的教法，他的心容易遠離良善，趨向卑劣的行為、言語和念頭，行為只會帶來災難；踏上黃泉路之後，也會投生為惡道眾生，幾乎永世不得超生。

7.易怒者容易成為殺人犯

愛生氣的人怒火中燒時通常會失去理智，因而可能犯下殺母的罪業。

愛生氣的人怒火中燒時通常會失去理智，因而可能犯下殺父的罪業。

愛生氣的人怒火中燒時通常會失去理智，因而可能犯下殺害阿羅漢等聖者的罪業。

愛生氣的人怒火中燒時通常會失去理智，因而可能犯下殺人罪和集體屠殺的罪業。

8.易怒者容易有自殺的傾向

愛生氣的人在盛怒的影響下，可能會以各種方式自殺，比如以劍自殘、或飲彈自盡、或刀割或喝毒藥、或自縊或跳下懸崖等等。他可能會不自覺地傷害自己，而沒落不幸的命運皆由自己的生氣所造成。

由憤怒所導致的危險還有很多，但是我在這封信中節錄解釋經典上所說的例子，應該足夠幫助你稍避憤怒。

如果到現在你的憤怒還是很強烈，下次我會再找其他方法幫助你進一步對治憤怒。

老師

他真的有這麼壞嗎？

親愛的普朗，

樂觀，就是去看事物的光明面，以正面或美好的角度去看待讓你生氣的人事物。那個令你憤怒不已的人，可能並沒有那麼壞。也許你厭惡的事物真的很不正當，或者讓你生氣的那個人真的不是一個好人，但由於憤怒覆蓋了你的雙眼，使得你忽略了這個人的其他優點。

我要你每當感到怒火中燒時，先閉上雙眼，想一想那個冒犯你的人，問問自己，這個人有何長處？曾經幫過你什麼忙？不斷地想著他的優點和長處，你的憤怒就會逐漸消退，猶如從冰箱取出放在室溫下的冰塊般，慢慢融化。

你必須學會在滿腔怒火時，把憤怒的冰塊從冰箱中取出。千萬別讓這憤怒的冰塊結凍太久，否則會導致極大的傷害。

　　如果你讀過歷史故事，就應該看過歷史上的某些判決事件，比方說，某個將軍被揭露犯行，根據軍事法被判處死刑時，通常其他大臣就會挺身而出為他說情，請皇帝手下留情；而請求赦免的主要理由通常都是請皇帝想想此人「過去所立下的汗馬功勞」，請求皇帝讓將軍「將功贖罪」，赦免將軍使皇帝龍心不悅的過錯。

　　由於正面考量了犯錯者過去的汗馬功勞，皇帝的怒氣便較為平息。與其失去一位戰時表現傑出的重要將領，這樣的思考產生了雙贏的利益：

　　首先，這位將軍仍然能為皇帝所用，繼續帶領軍隊，並且因為皇帝的赦免而心存無限感激，因而更加忠誠地服務國家。

　　再者，皇帝也不會被批評為過河拆橋的君主，所謂「豐收之後犁牛烹，勝戰之後將軍死」。

當你開始對某人感到忿忿不平時，有時便可利用這個方法，以正面的角度來看待此人，想想他「過去的汗馬功勞」，你的憤怒心很快便會得到平息。試試看，我自己試過之後，覺得這個方法既簡單又有效！

另外，你之所以覺得自己處處碰壁，不是被這個人就是被那個人所激怒，氣得七竅生煙，可能是因為你太完美主義了，對周遭人的期望太過不切實際。

通常內心不夠深沈的人才會有這種想法，這種人對世界沒有真正的了解和正確的知識，也並不真正了解所謂的生命。完美主義只會讓你變得心胸狹隘、憤世嫉俗，如此，你的所作所為就會讓自己墮入痛苦的深淵。

我要你問問自己，想一想運作於這個世界的通用法則：世界上有誰真正臻於完美，毫無缺點？又有誰真的十惡不赦，完全沒有優點可言？放眼周遭，你就會發現這個不可否認的事實：你會看到每

個人都各有優缺點，兩者是混合的。

你應該遺忘或寬容別人讓你生氣的缺點，而選擇去看他的優點，這樣就足以令你心境清新了。

我要引用一句佛家的諺語，你才不會以為我說佛陀曾開示要以樂觀的態度來對治生氣只是隨便說說，毫無根據。你要把這句話銘記在心，下次再有人「不符合你的期望」時，這句話就會幫助你減輕憤怒：

「世上難尋完美者。」

如果你手中的蘋果在運送途中遭到擠壓，果肉有些受損，與其把整顆蘋果丟棄，倒不如把損傷的果肉切除，只吃果肉完好的部分，剩下的其實還滿多的呢！唯有這樣，你才會珍惜並真正享受到手中蘋果甜美、香脆和鮮美的味道。如果不能學著去看事物的光明面，當你看到一顆果肉稍有碰傷的蘋果時，可能就會把整顆蘋果都丟了。

這封信的最後，我就以 Brother F. Hilaire 所寫的一首非常切中要點的詩，來總結今天所說的「樂

觀的藝術」：

> 兩個人由牆上的同一個孔洞望出去，
> 一人看見到處都是泥沼，
> 另一個具有洞察力的人
> 卻看見了滿天閃爍的星辰。

　　希望無論何時，當你生氣時，具有足夠的理智，看到泥沼上空閃爍的滿天星辰

老師

9

逆轉乾坤，使頑石成花

親愛的普朗，

有許多鮮明的例子可以說明「樂觀主義」，為了讓你更明白，我先說個有關佛陀慈心的故事。讀完這個故事後，你就會知道，這種對他人保持樂觀態度的高貴情操能夠將頑石轉化為花朵。

就在佛教四旬齋*之前，有一年，佛陀被邀請到 Veranja 城居住，當時一位婆羅門長老代表僧團迎接佛陀的到來。一開始，這位婆羅門長老表現出

---

* 譯註：Buddhist Lent，「佛教四旬齋」是學佛和禪修的良機，從陰曆八月（陽曆七月）滿月的第一天開始，到陰曆十一月（陽曆十月）滿月的第十五天結束，在這三個月期間，佛弟子只在寺院範圍內活動，不可外出。

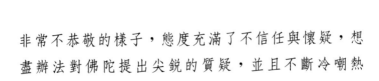

非常不恭敬的樣子，態度充滿了不信任與懷疑，想盡辦法對佛陀提出尖銳的質疑，並且不斷冷嘲熱諷：

婆羅門：喬達摩，大家都說您既無趣又不解風情，是真的嗎？

佛陀：沒錯，親愛的婆羅門，所謂的「趣味」不過是由人所執著的色、聲、香、味、觸所構成，而這些我都已經捨棄了，因此，大家說我無趣又不解風情，真是一點兒也沒錯。

婆羅門：喬達摩，大家都說您既窮困又潦倒，沒有任何財產，是真的嗎？

佛陀：這也沒錯，婆羅門。由於財產是由色、聲、香、味、觸所構成的，而我已經將這些連根拔除，因此，他們說我什麼財產也沒有，說得一點也沒錯。

　　婆羅門：喬達摩，大家都說您是斷見者*，是真的嗎？

　　佛陀：他們說的一點兒也沒錯，我教導大家要斷除貪、瞋、痴以及所有惡見，因此，他們說我是斷見者，說得一點兒也沒錯。

　　婆羅門：喬達摩，大家都說您是個反社會者，這是真的嗎？

　　佛陀：沒錯，由於我反對身、語、意的一切惡行，以及一切惡見，因此他們說我是個反社會者，這話一點兒也沒錯。

　　婆羅門：喬達摩，大家都說您是個壓抑的人，這是真的嗎？

----

* 譯註：佛學名相，指主張萬物完全空無不存在，沒有因果業力、沒有前世來生等等的斷滅見。

佛陀：他們說得極是，因為我總是教大家要努力不讓貪、瞋、痴及一切惡見生起，因此，說我是個「壓抑」的人，一點兒也沒錯。

　　婆羅門：大家都說您是個縱火犯，這是真的嗎？
　　佛陀：這也沒錯，由於我主張所有身、語、意的惡行都應被焚毀消滅，而我也將焚毀一切惡行的人稱為「最佳縱火犯」；另外，一切必須被摧毀的惡見都已被我燒為灰燼，因此，他們說我是個縱火犯，這話一點兒也沒錯。

　　婆羅門：喬達摩，大家都說您是「永世不得超生到世間」的眾生，這是真的嗎？
　　佛陀：這也沒錯，能把那些使人不斷投生輪迴的過患斬斷的人，我稱為「永不出生的眾生」，而我則已將輪迴整個斷除，因此，他們說我是個「永世不得超生的眾生」，說得極是呀！

婆羅門就這樣刻薄地揶揄了佛陀好一會兒，但是佛陀卻以樂觀的態度來回應，以積極的想法將這些指控轉為讚美。由於佛陀的泱泱大度，令婆羅門對佛陀思考的方式深感佩服，因此便皈依成為佛教徒，直到壽終都虔誠如一。

　　絕大部分的人面對這種嚴厲的指控時，可能都會以牙還牙、義憤填膺地訴諸實際的攻擊，或者尋求法律途徑控告對方毀謗，而不是像佛陀一樣，智慧地以樂觀的態度來面對，將這些指控看得猶如棉絮般雲淡風輕。

　　　　　　　　　　　　　　　　　　　　老師

10

別擁抱敵人的刀鋒

親愛的普朗，

我 就知道你會喜歡「凡事看光明面」這門
藝術。不過，別太早讚美我，因為對治
憤怒的方法不只這些，我想告訴你的還有很多呢。
如果現在就急著一次讚美完，之後想再說些讚歎的
話語時，可能會詞窮喔！

回歸正傳，這次我想告訴你的憤怒對治法，稱
為「別擁抱敵人的刀鋒」。

這個方法的秘訣是，每當你的怒氣遽升時，試
著仔細思量以下幾點：

1.當你跟某人不合，或覺得充滿敵意或生氣
時，你的對手或生氣的對象通常希望看到你崩潰的

模樣，也會以狡詐的方式來向你挑釁。

　　既然他就是故意要惹你生氣，藉此來打敗你，你為什麼還要中計呢？如果你不回應對方的挑釁，那麼受苦的人會是你的對手，而不是你；相反地，如果你失去覺察力，即使一點點刺激都會讓你的怒火爆發，就像一陣微風就能讓森林大火一發不可收拾般，敵人看到你這麼容易就中計，可高興的呢！因此，絕對不要因為生氣而輕易落入敵人的圈套。

　　2.「一把憤怒火，燒毀功德林」，如果你繼續縱容這有如體內膿瘡的憤怒，讓我問問你，還有比你更愚蠢的人嗎？

　　3.連你自己都譴責暴躁易怒的人很殘暴野蠻，然而你卻讓憤怒占據自己，讓我問問你，又有誰比你更殘暴野蠻的呢？

　　4.你已親眼目睹敵人的憤怒將他帶往毀滅之途，讓一切功虧一簣，為何你還要重蹈覆轍，重演他的暴躁憤怒？明知他走在錯誤的道路上，你竟然還要步上他的後塵？

5.哪一堆五蘊＊讓你產生憤怒呢？既然所有的現象都是幻相，是短暫無常的，那麼，你憤怒的對象的那堆五蘊，當下已經瓦解消失了，因為現象都不斷地在改變，剛剛那個讓你生氣的人，跟當下你看到的這個對象，其實已非同一人，那麼，你迷妄地對之心生憤怒的人，究竟是誰呢？

普朗，第五點所說的觀點，可能是難以理解的、深奧的、不可捉摸的哲理，你要花點時間去理解，慢慢來，我相信一定對你有所幫助。我想引述一位西方哲學家的話來說明這個觀點：

＊ 譯註：蘊為組成身與心的集合體，五蘊即色蘊、受蘊、想蘊、行蘊、識蘊。色蘊為身體；受蘊為感受，分苦受、樂受與中性的感受；想蘊為一切想法和概念；行蘊為五十一心所法和不相應行（如時間或身體的移動等）；識蘊主要為六識（眼識、耳識、鼻識、舌識、身識、意識）。此處指的是那個讓你生氣的對象，以五蘊來統稱那個人。

> 你無法跳入同一條河兩次，
>
> 因為第一次跳入的水跟你現在看到的水並不同，
>
> 河流不斷在轉變，而且的確不存在。*

這個例子應該多少可以幫助你更了解第五點。

老師

---

* 第五點所陳述的佛教哲理與希臘哲學家（Heraclitus，西元前 554-483）所說的相呼應：「你無法跳入同一條河流兩次，因為水流總是不斷湧向你。」（You cannot step twice into the same river; for other waters are ever flowing on to you.）英文原文的翻譯結構較為鬆散，以求容易理解。

11

種瓜得瓜

親愛的普朗，

我寫了幾頁長信給你，只見你匆匆幾行回音，你現在應該很忙吧，這也沒關係，我並沒有生氣（你可能會說：「當然啦，老師寫的是消除怒氣的方法，如果還生氣的話，不是太丟臉了嗎？」）今天這封信要告訴你的憤怒對治法，就稱為「種瓜得瓜」。

普朗，你應該聽過「行為導致結果」，或者佛家教導因果業力的一段話：

> 種瓜得瓜
> 好種得好瓜
> 壞種得壞瓜

　　你或多或少聽過這樣的觀點。

　　我想說明的這個對治法，應該不需多加解釋，因為你和其他學生一定都很了解佛法教義，也相信「業力」的法則，我在此只會簡短地說明因果業力的重點，引導你一下（倘若我待會兒又忘我地寫了好幾頁，也請見諒）。

　　佛陀所教導的業力法則，並不是他自己編創的，這個法則在佛陀之前就已經自然存在了，佛陀只是發現了這個法則的要義，並傳授給我們。

　　你必須了解這個重要的背景，否則你或其他人可能會有所誤解，以為這不過是一種造作出來的理論，是佛陀哄騙愚人，試圖讓大家感到羞愧或逃避

罪惡的伎倆。

　　這種錯誤想法是普遍的誤解。事實上，佛陀一生中，從來沒有利用這種「威脅大家會下地獄」或「用天堂來引誘我們」的方法來傳揚佛法，只有假宗教家才會用這種策略來解釋宗教。佛教的解釋從來不會利用這種哄騙的方法，因為佛教是證悟的、理性的宗教；佛陀教導給人類的這些法則，本來就存在於自然界，或者說本來就是自然界的法則，就像地心引力定律或相對論一樣，好比著名的科學家發現了這些自然界法則，然後再告訴我們一般。

　　就像聰明理性的人有可能接受科學家發現的自然定律一般，那些深入研究佛法的人也有可能接受佛陀所教導的業力法則。

　　因果業力法則是自然界的法則之一，無論我們相信與否，這個法則就是會自動運作，在我們的生命中歷歷不爽地呈現。就好比不管我們是否親眼見到，空氣就是在那兒，即使我們看不見空氣，也無損於空氣存在的事實。我長篇大論的解釋了這些，

只是為了向你指出這個不可否認的事實：無論你是否相信因果業力，它就是如影隨形地伴隨著你，絕不會離你而去！

我們在自己或他人生命中所見到的一切顯相，自有其道理。世界上沒有任何一件事會無因無果、憑空發生（以科學的角度來看，這與愛因斯坦的相對論相符合，佛教術語稱為此緣性或緣起）。人生中所有事件的主要源頭，就是此人過去業力或行為的結果。一個人單獨做的行為，稱為「別業」；由一個群體共同做出的行為，稱為「共業」，例如納粹份子集體對猶太人進行種族屠殺等。個人造作的業，由自己承擔；集體造作的業，則必須由團體中的每個人來承受。

因此，業力是世界上最精確且最公正的法則！

你還記得「弒母的孔高諾」的傳奇故事嗎？這個故事清楚說明了業力：主角由於貪婪而瞋心大起，犯下可怕的行為，最後必須為自己的行為付出

代價，因為天理昭昭，報應不爽。

在憤怒的驅使下造作惡業，因而不可避免地得到報應的另一個例子是「九一一事件」。紐約的世貿大樓高聳入雲，是世界上最高的建築之一，也代表了紐約資本主義的榮耀，而一群恐怖份子綁架了美國的航空客機，衝向世貿大樓將之摧毀。這個令人髮指的行動造成三千多人喪生，五千多人身心受創，十分鐘內震驚了全世界；而不到一年的時間，業力的法則馬上尾隨那些潛逃至阿富汗的恐怖份子，美國總統採取了報復行動，派遣海軍和空軍夷平了庇護這些恐怖份子的國家──再也沒有比這更可怕的結果了。

策劃這個人神共憤的九一一事件的恐怖份子，有些在阿富汗戰場上喪生，有些則亡命天涯，被全世界所追緝。

想想看，這個地球有多大啊，地球表面跨越了多少百萬平方公里？然而世界之大，竟沒有一塊土地能夠給他們真正的庇護。如果不是無誤的因果業

不覺間犯下惡業時，一定會得到自己所作所為的果
報，所謂報應不爽啊！所以，當怒火中燒時，一定
要不斷提醒自己這點，或者也可以寫在紙上，貼在
床邊提醒自己。

　　親愛的學生，要注意了，因憤怒而犯下的任何
業行，會如影隨形地跟隨你到任何角落！

老師

12

頭上是天就別怕下雨，
生而為人就別怕批評

親愛的普朗，

憤怒的另一根源就是無法忍受別人的批評、訓斥、毀謗或謠言。我們總認為自己在某方面高人一等，因此當聽到違背自我認知的批評時，自我認知和流言之間的對立觀點立刻會導致我們的滿腔怒火。若不能即時抑制並遏止自己的脾氣，強烈的怒火會像火山爆發一樣，一發不可收拾，之後可能會演變為口舌之爭或街頭打殺。在這種情況下，我們應該怎麼做？遭遇批評時，我們該如何從難堪的狀態中脫身？我想引述經典中記載的偉大導師佛陀的事蹟：

有位婆羅門的女兒非常美麗，令無數男人痴迷，無論老少見了她都想娶她進門。日子一天天過去，婆羅門整天都在擔心女兒未來的生活，登門求婚的人包括國王、各地名門貴族及富裕人家，但是婆羅門就是無法把女兒許配給任何人，換句話說，他實在找不到任何人可以匹配他的寶貝女兒。一天，婆羅門在森林邊看到了佛陀，立刻被佛陀莊嚴高貴的風度所震攝，於是急忙跑回家，想帶妻子和女兒去見佛陀。等他們到達森林時，那裡已經空無一人，他們找了又找，便循著佛陀離開後所遺留的足跡走去。

　　婆羅門的妻子一看到佛陀的腳印，當下便明白丈夫想將女兒嫁給這位聖者的念頭錯了，因為這些腳印並不屬於一個凡夫，而是屬於一個已經超越凡俗欲望和垢染的聖者。但婆羅門並不理會妻子的觀點，他繼續尋找佛陀，一會兒之後，終於來到證悟的佛陀面前，婆羅門立即將女兒的手交給佛陀並許婚，將女兒供養給佛陀，任他差遣。佛陀早就預知

這件事，便說：

「婆羅門，我見過許多比你女兒更美麗的女子，甚至見過魔王美色誘人的女兒——貪欲和憤怒，但是我從來不曾為任何人著迷，你以為你女兒那填滿了糞便和尿液等穢物的身體，能起什麼作用嗎？我告訴你，我連你女兒的一根指頭都不想碰。」

婆羅門的女兒聽到佛陀表示拒絕的這番話後，感到備受羞辱，立刻惱羞成怒，懷恨地發誓要報復：「這個和尚不要我或不覺得我美也就算了，竟然還這麼惡劣地侮辱我，我絕不會原諒他或忘了這件事！等著瞧好了，我一定會找機會報復的，這是他活該！」這女孩被憤怒所占據的同時，她的雙親卻同時證得阿那含果*，即究竟涅槃的前一果位，他們看透了外相的「美麗」不僅無用且毫無價值，因此輕易就放下了對外界顯相的執著。他們把女兒交

---

* 譯註：「阿那含」是巴利語 *Anāgāmi* 一詞的音譯，意譯「不還」，即在證得羅漢果位的路上勇往直前，義無反顧之意。

給了她的叔叔後就剃度出家了，不久便雙雙證得涅槃。

婆羅門的女兒遭受到這樣的羞辱後，便不斷伺機想要報復佛陀。當她成為僑賞彌國國王烏狄納的皇后後，這一天終於到來了。一天，佛陀朝聖途中剛好路過她居住的城市，她一聽到消息，便花錢請了不下五百位城內的居民來「歡迎」佛陀，佛陀一踏進僑賞彌國，他們就全程尾隨著他，不斷以惡毒的話語來辱罵他。

這個「辱罵團」滴水不漏且火力全開的攻勢，賺得了雇主承諾的酬勞，他們緊緊跟隨著佛陀，用盡一切嘲諷且充滿敵意的言語，不斷對著佛陀咆哮叫罵，但是佛陀卻異常鎮定冷靜、寬容且平和，群眾的羞辱就如同以卵擊石，也像是對著空中的月亮丟擲糞便一樣，無論群眾再怎麼努力的吼叫和羞辱，一切似乎都徒勞無功，不僅得不到佛陀的任何反應，還被自己的怒火咆哮和胡言亂語搞得筋疲力盡。

　　儘管佛陀並沒有反擊，然而才證得預流果或稱須陀洹果（譯註：即涅槃四個果位的初階果位）的隨侍弟子們，例如佛陀的表弟阿難尊者就覺得很憤慨且羞辱，他們所到之處都被幾百位滿嘴髒話的辱罵團員所包圍，就像禿鷹虎視眈眈地圍著死屍一樣。一天，阿難尊者終於失去了耐性，忍不住請求佛陀趕快離開這個城市。

　　「那我們該去哪兒呢，阿難？」佛陀問。

　　「到另一個城市去吧，尊者。」阿難回答。

　　「如果我們逃到另一個城市，他們還是跟著我們，那時該怎麼辦？」

　　「那就再逃到下一個城市去啊，尊者。」

　　「阿難，以此方式來逃避問題並非明智之舉，正確的解決之道是在哪裡遇到問題，就在哪裡解決，讓問題在原處結束。

　　「阿難，我就像是一頭衝命上戰場的大象。戰象必須能夠忍受從四面八方射來的箭，我也必須如此，我必須忍受這些可憐人們的辱罵。

「堪忍惡人毀謗與惡意中傷的人，才能被讚為人上人。

「阿難，別擔心，這些人頂多只能再羞辱我們七天，第八天他們就會自行停止了。」

事情的發展正如佛陀所預知的。對著天空點火，天空卻不著火，誰還會繼續白費力氣，經年累月永無止盡地折磨自己呢？最後，這些「辱罵團」的成員便逐漸瓦解，各自做鳥獸散。

普朗，我知道你一定會喜歡這個故事。我要用兩句話來表達佛陀這個故事的精髓：「頭上是天就別怕下雨，生而為人就別怕批評」，其中的寓意就像我剛出家時常常唸誦的一首偈言：

> 生而為人必受他評斷，
> 所作所為難逃他批判，
> 行善之時人稱之為正，
> 造惡之時人稱之為亂。

我還記得另一首偈言，因為實在太喜歡了，連背都不用背便銘記在心：

> 粗言惡語猶如水潑滅
> 亦如刀刃劃石不能損
> 貴如佛像人亦損毀之
> 凡夫更何逃離惡言傷

普朗，我認為佛陀之所以能夠安住在相續的禪定中，是因為他已經超越一切垢染，因此世間八風

無法動搖佛陀，令他完全不受毀謗或讚美的影響，因而能夠以絕對的平靜承受嚴厲的批評。而當他的表弟阿難尊者企圖說服他離開時，他的精確洞察則為阿難揭露了無價之寶，我認為佛陀的示現在幫助我們面對憤怒這方面，是非常有利益的，你應該將這些觀點謹記在心：

1. 即使是圓滿且毫無過失的佛陀，都曾經是他人生氣與惡言的攻擊目標，我們是何許人，又怎能倖免於別人的指責和毀謗呢？這樣的態度將會大大降低我們的傲慢心，不再讓自己因他人的毀謗而受「我執」所惱苦。

2. 你應該好好思考，毀謗、訓誡、指責、批評或謠言其實是世間很普遍的現象，佛家常說：「世間無人能倖免毀謗與謠言的中傷。」真正不正常的是你竟然失去理智而與惡言的音符共舞，有時還不可原諒地發起脾氣，以牙還牙，粗言惡語地咒罵對

方，以致爆發口舌之爭，讓一切變得不可收拾。有鑑於此，當你遭受到強烈的批評、毀謗或惡意中傷時，切莫因憤怒而盲目地冒犯對方或反擊，反而應該敞開心胸，保持寬容，以平靜和幽默的態度接受那些惡言，你應該以平常心來看待這一切。投生到世間的任何人難免都得面對這類挑戰，所以要不斷提醒自己：「頭上是天就別怕下雨，生而為人就別怕批評」，也要教會自己：「毀謗和批評是別人的領土，但容忍卻是我們的。」只要不斷提醒自己這點，便有能力面帶微笑地接受毀謗和批評。

3. 如果某人批評、毀謗或在背後中傷我們，肯定已經深刻地思考過說出這些話的後果，所以我們應該聰明理性地接受，因為我們可能會在這些逆耳的言詞中發現珍貴的寶藏。

4. 懷著感恩的心來看待任何毀謗、批評或惡意中傷，因為對方竟然願意花這麼多時間在你身

上，給你這麼多「關懷的眼光」！不僅如此，他們
還不惜付出這麼多時間和精力，盡力成為「全方面
照妖鏡」，從各種角度照出你的瑕疵，讓你終於能
夠從他們眼中看到自己的錯誤。你也應該將自己曾
經犯過的一切錯誤視為自我評估的資產，如果真的
錯了，這正是修正錯誤的時候；如果沒錯，就要保
持不偏不倚的立場，當一隻負命沙場的戰象，盡力
「忍受」來自四面八方的言語之箭的攻擊，直到戰
爭結束。你不該扮演出言傷人或情緒化的角色。

5. 你應該利用批評、毀謗和謠言來測試自己超
越世俗、知識的修持，如果真的進步了，就會看到
世上沒有任何一個人或靈魂應該遭受你的報復或惡
意對待，世上只有應該被你慈愛的對象，你應該引
領他們脫離自己的貪、瞋、痴。無論是冒犯你或是
被你冒犯的人，都應該被同等地視為「需要以佛法
來提升自我的人」。你必須用慈愛或善待「好人」
的方式去對待那些冒犯你或被你冒犯的人，如此才

能使雙方免於憤怒的羅網。你應該跨越到無瞋且平
和的彼岸，猶如佛陀所教導的：

> 以無瞋克服生氣，
> 以良善克服邪惡，
> 以佈施克服慳吝，
> 以誠實之語克服欺詐。

老師

13

「標籤」分隔了你我

親愛的普朗，

這封信要告訴你的憤怒對治法，稱為「四海一家」（We are the world）。你可能會以為這是二十與二十一世紀的人們憧憬世界和平的新概念，但事實並非如此；事實上，這是一個古老的觀點，是佛法亙古至今的教導。西方不久前才開始遠望東方，學習佛法，但是「四海一家」的觀念早已存在佛法的「經、律、論」三藏中，此三藏極為不可思議且令人讚歎。我們所熟知的其他智者和全世界主要宗教的教主，都教導人們要有愛心，但佛陀在佛法經典中卻進一步闡述了無偏慈悲的「理由」，相較之下，這樣的解釋是較為少見的（我想提醒你，這只是我自己的觀點而已）。

佛陀教導人們要愛彼此，不要對他人發怒，不要傷害他人，理由是：人們不斷在生死輪迴中掙扎，在無盡的輪迴中，我們「應該」不只一次在過去的某一生當過彼此的父母、兄弟姊妹、配偶、兒女、親朋好友或鄰居。因此，雖然總有人會激怒我們，讓我們氣得想以行為、言語或念頭進行惡意的反擊來傷害對方，甚至讓他喪命，但這些人過去生可能曾是我們的父母、兄弟姊妹、配偶、兒女、親朋好友或鄰居；這些惡意的行為等於是在「消滅」自己的祖先，以致於我們病態心理的受害者不是別人，而是曾經跟我們有著血緣關係的「自己人」。

　　「四海皆兄弟」或「世人皆家人」被認為是現代的觀念，然而佛陀早就已經教導過這個觀念了，只是新世紀又重新提及並大肆宣揚這個標語，特別是二○○一年九月十一日，恐怖份子挾持兩架民航客機撞毀世貿大樓時，這個世界真的迫切需要重新樹立這個觀念的實際範例；我們不想要種族隔離或種族分裂，把人類區分為猶太人、美國人、回教徒

等。種族隔離會滋生仇恨、種族優越感，導致集體
屠殺和大規模的破壞行動。事實上，如果人類能夠
跳脫這種心胸狹隘的習氣，採納佛陀所教導的一些
教法，這個世界肯定會變成一個更適合人居住的地
方。

想像一下，如果你可以友善地對待所有的人，
無論是愛你的人、氣你的人、或者讓你生氣的人，
如果你都可以看作是自己親愛的朋友和親人，那
麼，地球上有誰應該受你的氣呢？

然而這就是問題所在，要讓全世界的人像個大
家庭般緊密相連，的確是件不容易的事。導致人類
無法融合為一家人最明顯且令人盲目的障礙，就是
「意識型態的執著」，對宗教、崇拜人物及思想體
系的執著，使人類各自形成不同的團體並分裂為不
同的派系，這種分裂的狀態是這麼嚴重，以致人們
無法將他人視為伙伴。

另一個障礙是我們以「命名」或「性格」把
人類標籤為不同種人，這些其實都只是「人類的表

象」，但人們對這種所謂的「表象」似乎很著迷，一點也不想捨棄——要泰國人愛緬甸人，很難；同樣的，要德國人愛猶太人也很難，如果不是因為這個人是「猶太人」，還會有什麼原因呢？光是這幾個字就足以讓人陷入憤怒之中。

我們都是根據表象的「名稱」而非以「同為世界的一份子」的心來行動，無論到何處，都背負著這個想像出來的包袱，這就是為什麼人們這麼容易彼此憤怒、殘殺、犯下暴行的原因，好像我們的對手都不是人一樣。

在這個地球上，有誰能夠拯救人性？有誰能夠為人類點亮一盞明燈，讓人們看到憤怒、怨仇、憤怒和暴力的根源，就存在自己的思考方式和傲慢之中？

這封信所說的憤怒對治法，聽起來可能比之前的信還要嚴肅，所以我想引述一首詩，讓氣氛輕鬆一點。這是我寫給一位好朋友的詩偈，他是義大利羅馬天主教廷的領袖之一，在結束他的泰國之行

後，他也回邀我參訪天主教的宗教體系。詩偈如下：

你若是一隻老鷹

自在地遨遊於無邊無際的蒼穹中

你若向下俯視地面

一切真相便清晰鮮明地呈現眼前

無論是陸地、水、山巒、溪流、島嶼、海灘

海洋、植物、動物和其他一切

抑或東方、西方、歐洲、非洲、澳洲、亞洲

泰國、美國、巴勒斯坦、伊拉克、阿富汗以及北韓

還有宮殿、大樓、農舍、木屋

甚至貧民窟或高山上的安身之處

所有的生命形式都是一體的

讓我們隔閡分離的只有一件事——

人們對這一切的「命名」使彼此分裂。

而只有當我們能夠遺忘這些命名時

人類全體以及地球上所有的生物

才能夠和平地共存共榮。

無論是佛教徒、基督徒和回教徒的淚水

都是同一種體液，那味鹹的海洋

無論是泰國人、恐怖份子、巨富、貧者

身上流的也是相同的紅色血液

所以，若非因為我們迷惑地執著自己對一切的命名

憤怒與仇恨怎會在我們心中滋長？

老師

14

少了我，世界照樣運轉

親愛的普朗，

我在研究怎麼寫憤怒對治法給你時，突然想到巴利文的兩部經典中有關平息憤怒心的法門。一開始，佛陀教導他的兒子羅睺羅練習如何斷除憤怒時，首先要羅睺羅放下身段，不要自視太高。（為什麼呢？答案是，由於羅睺羅是皇室成員，而皇室成員都很傲慢自大，若不知道如何放下他的「皇室傲慢」，可能很難做到「行儀得體」，因為他總是認為自己比別人高尚，在僧團中也會以傲慢的態度待人。）

另一部經典則說到尊貴的舍利子的故事。僧團中有一位僧人指稱舍利子自認為是「佛陀最好的弟

子」，就顯得「很傲慢」；事實上，已證得阿羅漢果的舍利子，心中根本不再有所謂的傲慢或我執，這項指控純屬空穴來風。這項錯誤的指控源自一件意外事件，當時舍利子向佛陀告假，要去遊方說法。

就在舍利子啟程前，僧團中有一大群僧人去送行，舍利子依照傳統向大家告別，但是前來送行的人實在太多了，他無法跟每個人一一噓寒問暖和道別。其中就有一位僧人因為舍利子沒有特別跟他道別，就當真地覺得自己受到了冷落和怠慢（他顯然並沒有認出他的「自我」），於是貿然地斷定舍利子自視甚高，自以為可以跟佛陀平起平坐，因而看不起他這個平凡的僧人。然而這種說法根本是莫須有的指控，因為舍利子當時已證阿羅漢果，完全根除自己的傲慢了。

為了讓舍利子受到僧團的譴責，這位僧人向佛陀提出了正式的指控，於是佛陀召開僧團會議以發掘真相。舍利子以一貫的謙虛態度答稱，他總是自比為低微如地、如水、如空氣、亦如無角之牛、看

門人、賤民之子等等，盡可能以卑微的心態來看待自己，怎麼可能還存有任何傲慢或自愛的心？

事實上，佛陀太了解舍利子了，他知道舍利子根本沒有一絲一毫的傲慢之心，他傳喚舍利子只是為了給他機會，好對那位惱羞成怒的僧人開示「生氣對治法」。

貴為佛陀左右手的舍利子，智慧和洞見遠遠超越其他弟子，也是佛陀教法的重要傳承者。當僧團中即將證悟的僧人聽到舍利子把自己看得這麼卑微，都為他流下悲傷的淚水，同時這些聖賢大德也決然對人性感到無限悲憫。

「唉！人啊，只因為自己的『我』在這麼一個小小的團體中不被重視，便被激怒而妄加指控可敬的長輩！」

聽到舍利子如此地貶抑自己，這位提出指控的僧人當下痛哭流涕，雙腿一軟，倒在地上，自責不已；在如此妄加指控一位聖者後，他才醒悟到自己已經不慎犯下令人憎惡的罪行。然後他收起淚水，

振作起來，跪在舍利子面前真心懺悔，舍利子慈悲和藹地原諒了他，這個事件便以快樂的結局圓滿落幕。

我已經將兩部經典提及的憤怒對治法精華，從巴利文原文做一精簡總結並解釋如下，你也應該將這些比喻用在自己身上：

1.大地：人們總是踐踏著大地，往地上傾倒穢物、糞便或尿液，隨地丟棄垃圾和廢物，或把花朵丟撒在地面，或以有香味的水淋在地面上，或者用鋤頭和鏟子在地上挖洞；然而，無論人們怎麼汙損或滋養大地，大地總是如如不動，不曾抗議或要求討回公道，也不曾因為自己被珍愛或照顧而歡喜。猶如大地如此穩固、堅強且不為外界的衝擊所影響，當你被激怒時，也應該讓自己的心如此穩固堅強。

2.河流：一個因為怒火中燒而變得盲目的人，

向著無邊無際的水面揮舞著熊熊燃燒的火把，咆哮如雷：「我一定要讓這條河流沸騰冒泡！」接著將火把插進水中，試圖讓水著火，但是他再怎麼努力也不可能成功，河流是不可能著火的，只會一如往昔般沈靜清涼，絲毫沒有任何改變。當你被激怒時，應該讓自己的心像河流般沈靜清涼。

3. 空氣：也許有人以為他可以在空中作畫，於是拿起畫筆和顏料，開始在空氣中畫圖，但是無論費盡多少力氣，也絕不可能成功地在空氣中創作出一幅畫來；他終究必須放棄，像落敗的公雞一樣打消這種念頭，打道回府。每當你被激怒時，應該讓自己的心像永遠不會被任何形式的畫作所沾染的空氣一樣空透。

4. 貓皮袋（**A cat-skin bag**）：曬乾的貓皮袋非常乾淨，如羽毛般輕柔，拍打時也不會發出任何聲響。當你被激怒時，應該讓自己的心如貓皮袋一般

清淨且柔軟，無論別人用什麼言語來打擊或試圖激怒你，切莫做出任何回應。

5. 無角之牛：被除去雙角的牛，必定不會那麼易怒、傲慢或自大，反而會變得很謙和、不具侵略性且謙卑。你也應該讓自己的心變得像無角之牛一般，不可自認為高人一等或鶴立雞群，反而應該視自己為平凡且善意的，以一種毫無惡意與侵略性的態度來生活。

6. 賤民之子：賤民之子是印度種性制度中最低階層的老百姓，他很清楚自己的身分，所以從來沒有跟任何人爭權奪利的念頭，而是謙卑地生活。他知道自己毫無價值且不配得到世界上的任何東西，也沒有討價還價的餘地，自己就像不存在一樣，因此也無從得知那些高階層大人物的痛苦和磨難。你應該讓自己的心變得像賤民之子一樣，意思是說，你應該放下身段，愈卑微愈好，以沈靜且鎮定的心

態來接受他人的譴責，對待他人毫無憤怒心，也要
將自己視為平凡人，以此心態來生活，並將痛苦、
快樂、健康、名氣和權力視為世間自然的狀態。若
能遠離野心或競爭心，你的心就會清淨且輕安，遠
離痛苦和沮喪。

7. 看門人或抹布：抹布或看門人是卑微之中最
卑微的，每天都要被人利用許多次，毫不抱怨也絕
不抗議地接受自己的無足輕重和卑劣。你應該讓自
己的心變得像看門人或抹布一樣，隨時準備接受一
切的到來，接受那交替而來的快樂或悲傷，切莫讓
心燎起任何一點星星怒火。日出日落，你都應該歡
喜地當一塊小小的抹布，樂意抹淨所有的灰塵。

你若能以謙卑的心態，將自己視為最卑微且最
無價值的，那麼你的傲慢最終將會消失殆盡。一個
自認渺小且不重要的人，通常比較不會覺得被人冒
犯，也不會跟人爭鬥或找別人麻煩；相對的，也不

會有人想要找他麻煩，他不僅會感到身心輕安，也能夠在混亂的世間快樂地生活，就像毒蛇的舌頭在充滿毒液的嘴裡自在地進出，卻不會被毒液所傷。

你能認同嗎？

生活愈儉樸，

快樂的時間愈多。

我執愈少，

心中快樂的空間愈大，

且倍數相乘。

若我所說非實，

佛陀當年又何必離開富麗的皇宮

直到涅槃之前都過著儉樸的生活？

老師

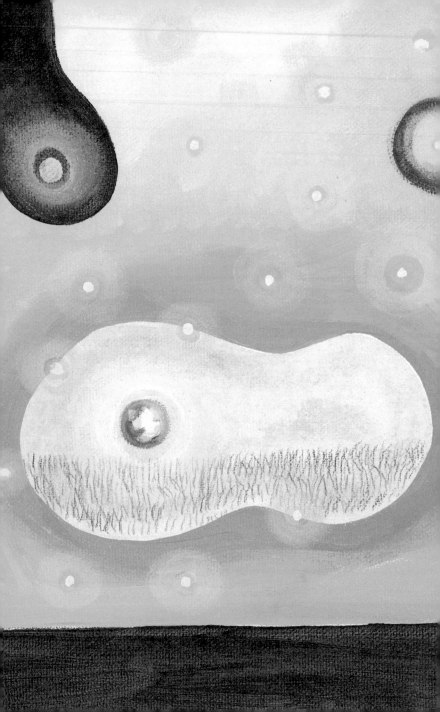

15

慈愛能治癒世界

親愛的普朗，

心的本來面目，是透過智慧所證得的光明，是透過淨化所證得的清淨，是透過涅槃所證得的寂靜或平靜，然而它卻被不能如實了知這個世界和生命的無明雲靄所遮蔽，因此，我們從來不曾發現心的本來面目是多麼的美好。無明的雲靄已將我們的心遮蔽千萬劫之久，讓我們誤以為心的染污和自己的物質形體是合而為一的；然而在究竟上，心的染污和我們的物質形體既非同一，亦非跟我們的生命分離。心之染污的本質只是個不速之客，悄悄溜進我們心中，喧賓奪主地常住了下來。

如果讓眾多染污占據心的空間，那麼，心原本光明、清淨且平靜的狀態就會逐漸被掩蓋，直到

我們再也無法看清自心的本來面目為止。這圓滿的狀態其實仍舊在那兒，只是外來物使它無法鮮明地呈現，猶如太陽被雲遮住一般，但這並不表示太陽消失了，一旦雲堆消散，太陽依舊光明燦爛。倘若自心長滿了染污的雜草，便會因缺乏佛法的滋養而乾枯、了無生氣；想當然，在乾枯的土地上，乾柴極易點燃，一陣急躁、憤怒或嫉妒的風便能點燃怒火，一瞬間便造成燎原大火。

由於我們的心經常被無明之火所焚烤，因此我們應當尋求滅火的方法，使自心恢復原來的清新，變得像以前一樣光明、清淨且平靜。

我們該怎麼做才能使自心變成一畝肥沃且可供耕種，適合發展和成長的土地呢？

我想，明智的做法是在心中播下慈愛的種子。

所謂播下慈愛的種子，是將慈愛擴展到每一個眾生身上。在佛法文化中長大的泰國人，應該很熟悉開展慈心的方法。

但是你知道嗎？儘管我們都很熟悉這個方法，

有些人不曾了解這個方法的真正價值和利益。

　　比方說，我曾一度罹患喉頭炎，那時醫生要我停止教學或盡量避免說話（我十八歲就已經開始教學了），有一陣子我得去看專科醫生以接受特別的治療。

　　接下來發生的事，你一定會覺得不可思議。慈悲的醫生先是要我吸氣，然後一口氣持續發聲。我依照他的指示做了好一會兒，然後他做出的診斷著實讓我大為震驚。

　　「你不知道如何呼吸。」

　　如果你是我的話，是不是會大吃一驚？

　　我已經自己呼吸了二十年，結果一位好醫生竟然說我不知道怎麼呼吸，真是令人沮喪啊！當我仍目瞪口呆之際，醫生繼續解釋說，我呼吸的方法不自然，因為吸氣時，腹部應該要鼓起；相反的，呼氣時，腹部應該要往內縮，而我呼吸的方式卻是錯誤的，所以他才會說我不知道怎麼呼吸。他要我按照他的指示練習呼吸，好一會兒之後我才開始知道

怎麼正確地呼吸，然後他才讓我離開。但是我還是無法維持「正確」的呼吸，直到一九九二年有機會正式跟我的禪修老師學習止觀禪修時，才真正學會如何正確呼吸。

看到了嗎？有時候我們自以為熟悉生活中的某些事物，但其實我們並不了解實際的情況，也可能對這些事物的真正意義沒有正確的認識。

在開始教你開展慈心的方法前，我覺得應先深入了解何謂「慈愛」，否則你可能會繼續以盲信來行動，如此除了修持不會有結果，也就是說，不會讓你的心更溫和、更有人性之外，也可能會對這修持感到厭煩。

然而，如果你能掌握並正確地進行這個修持，便會感受到自心猶如清泉，源源不絕地洋溢全身，讓你感受到不可思議地清明且身心愉悅。而且，開展慈心不僅能使自心感到清新鮮活，還能使生命更加開闊，因為心懷慈愛的人通常很少感到被冒犯，也鮮少被別人排擠，這樣的人也很少會罹患壓力過

大所引起的高血壓、心臟病、精神崩潰或腸胃炎等致命疾病而英年早逝。

我先簡短地說明開展慈心的意義和範圍，然後再繼續介紹修持本身。

巴利文的「慈」（*mettā*），字根與「朋友」（*mitta*）相同；用泰文來說的話，我們通常會說「慷慨仁慈」且「友善」。所謂的「慈」，簡單說就是「對彼此友善的感受」，因此，當我們對某人感到慈愛時，意思即是我們接受這個人是自己親愛的朋友。

佛教導師釋迦牟尼教導佛教徒要友善地對待全世界的人類和所有生物；而開展慈心的經文通常會說到「一切眾生」，你一定很熟悉這點。而此處所說的「一切眾生」，包含了無量無盡的一切生物。如果你還有疑惑，我可以引述《緣慈行經》（*Karaniyamettasutta*）的其中一段，在你練習開展慈心時，可以唸誦這段經文，這樣就會了解佛教所說的慈愛或友善的真正意義及其包含的範圍：

《緣慈行經》

……祈願一切眾生幸運獲得身心的喜樂
並遠離一切傷害，
無論是內心恐懼或不恐懼的眾生，
無論身形或長、或大、或適中、或矮小，
或優雅、或粗劣，
有形或無形，距離或近或遠，
已投生或仍在中陰身，
祈願一切眾生皆幸運獲得身心的喜樂。

人不應存心欺騙他人，
亦不應因任何理由而輕蔑他人，
更不應以惡意的行為或念頭
希望將痛苦加諸他人身上。

猶如盡其一生關愛獨子的母親，

我們也應將自己的慈心

無限地擴展到一切眾生身上，

我們應無偏無私地將自己的慈心延伸出去，

毫無惡意和敵意地對待一切眾生，

無論是無色界眾生

或是色界眾生

抑或欲界中的眾生 *

行住坐臥之中，

我們都應保持覺醒，且正念覺察，

諸佛稱此修持為

無上勝行。

------

* 譯註：六道輪迴眾生又可分為欲界、色界和無色界。欲界眾生
指的是地獄道、餓鬼道、畜生道、人道、阿修羅道、以及某些
界天的天人，這些眾生仍有五欲的貪念。色界眾生則是自初禪
至四禪天所居天人，光明身瑩澈妙好，已離欲界貪，未離色界
貪。無色界眾生則包含空無邊處乃至非想非非想處四定諸天，
除淨色意識之外，全無粗的色身，超離欲色兩界貪欲，但尚有
無色界貪（《漢藏大辭典》）。

這段經文清楚指出，慈心的行持應當像母親保護孩子一樣，換句話說，讓我們將慈愛擴及全世界（包括讓我們憤怒的人），並把關愛自己孩子的神聖感受擴及全世界吧。

　　如果你能將全世界的人都當成是自己的孩子，便會發現，世界上沒有任何一個靈魂該受你的氣（更何況是小小職場中的同事）。以此雅量、以此慈愛的萬靈丹，你不僅會覺得身體輕安，心中所有的嫉妒、怨恨和憤怒也會就此消失，如此，你的心將充滿喜樂和快慰，就如同無時無刻都對眾生慈愛微笑的證悟諸佛一般。（注意看看所有的佛像，是不是都微笑著呢，沒有任何佛像的表情是刻薄、陰鬱、嚴厲或生氣的。）

　　我這封信寫得太長了，慈心除了能治癒和預防憤怒之外，下一封信再告訴你開展慈心到底有什麼利益。

　　　　　　　　　　　　　　　　　　老師

16

超越國界的友誼

親愛的普朗,

　　你還記得泰國最近主辦的亞洲運動會嗎？這個運動會以「超越國界的友誼」作為標語。我非常喜歡這句標語,不僅聽起來很棒,而且正是佛陀終其一生所要教導的。我覺得全世界都應該以這個標語為座右銘,同時,世間另一位偉大導師耶穌的教導中也有類似的觀點。耶穌說:

　　「要像愛自己一樣去愛你的鄰人。」「倘若有人打了你的右臉,就把左臉也轉過去讓他打了吧。」

　　人類若能好好遵循這兩個忠告,就足以讓世界更和平、遠離戰爭,根本不需要創立什麼聯合國就能好好過日子。然而在現實生活中,能夠如此奉行的人實在太少了,大多數人都習慣被憤怒主宰——

有人掌摑我們的右臉時，我們不僅無法忍耐並毫無憤怒地奉上左臉，反而會回敬攻擊者的下巴一記上鉤拳呢！

言歸正傳，所謂的友誼，跟我們上一封信討論到的「慈心」是一樣的，我已經解釋過慈心應擴及的範圍，接著要教你的是開展慈心的方法。

首先，將慈心、友誼或善願擴及你所憤怒的對象或世間所有人類和生物，你應該先把這個方法用在自己身上作為前行，之後再擴及當下或以前生氣過的對象。

為什麼必須先用慈心來對待自己呢？因為你的憤怒其實來自於一開始就「缺乏正念覺察心」，沒有覺察心，就會產生錯誤的觀點及心態，會把對方視為敵人，而非像你一樣的眾生；但是當你能夠遵循這古老的教誨，以慈心對待自己時，你的觀點就會轉變為正確的觀點，一視同仁地看待自己和那個惹你生氣的對象，也就是說，你們都希望獲得快樂、遠離痛苦，都具有自由意志，也都會死亡。當

這個觀點在心中生根時，你的心就會變得既溫和又
慈愛，你會慈愛並體諒自己和他人，而不是生氣了
事。有時，甚至在你將慈心擴及他人之前，憤怒就
已經消失無蹤了。

　　在唸誦開展慈心的祈願文之前，我們應先學習
如何重新調整自己的觀點，並轉回正確的見解：「猶
如我們多麼想要快樂，多麼想要遠離痛苦，多麼恐
懼死亡，他人也如此想要快樂，如此想要遠離痛
苦，如此恐懼死亡；因此，我們實在不應以憤怒心
直接或間接地對抗他人。」你應該先以慈心來對待
自己，祈願文如下：

以慈心對待自己

願我獲得喜樂

願我遠離痛苦

願我遠離惡意和報應

願我遠離艱困

願我遠離障礙

願我知足且不虞匱乏。

接下來要唸誦的祈願文，是以無偏無私的慈心去對待你生氣的對象和宇宙所有眾生。

以慈心對待你生氣的對象和一切眾生

同為生老病死所苦的眾生，
願他們得獲喜樂且對他人毫無惡意，
願他們得獲喜樂且不再傷害他人，
願他們得獲喜樂且遠離身心的痛苦，
願他們身心皆快樂且恆常遠離艱困與障礙。

對某些人來說，僅僅唸誦上述開展慈心的祈願文，可能起不了大作用，尤其是理性主義者，他們可能一開始就排斥這樣的方式。我可以提供另一種不需唸誦傳統經文的方式以幫助開展慈心：生氣時，你可以找一個安靜舒適、覺得放鬆的地方，坐下或躺下都可以，然後集中注意力，覺知地審視那個讓你不悅的對象，把他當作是你親愛的朋友。

假如你能看到這個人也是生老病死輪迴中的眾生之一，就像你自己一樣，那麼，你對他的悲憫

同情一點也不會少於你對自己的悲憫。與其對他火冒三丈，你反而會看到對方和自己都落入憤怒的圈套，淪為憤怒的犧牲品。慢慢地以這種方式來思維，你的智慧就能夠逐漸掌控自己的心。

當理智克服憤怒時，一切自然會好轉，結果是你再次戰勝了憤怒，也代表你又逃過一場劫難，安全無虞。

每次當你從憤怒中解脫而逃過劫難時，不僅代表你克服了自己的憤怒，更重要的是，你也成功地防止另一個人因為你的大發雷霆而走入痛苦的循環中；換句話說，一旦你擺脫怒氣，不發脾氣，也能讓對方得到同樣的利益。

結束這封信之前，我要告訴你慈心的十一種利益：

1. 容易入睡且一夜好眠。

2. 快樂幸福且無憂無慮地醒來。

3. 不會惡夢連連。

4. 「人」見人愛。

5. 「非人」亦愛（動物、天人或靈界朋友等等）。

6. 為天人所守護。

7. 不為火、毒藥或武器所傷。

8. 極快就能專注入禪定。

9. 相貌美好莊嚴。

10. 大限到來時，能壽終正寢。

11. 若未能證得究竟的正等正覺，也會投生到大梵天＊居住的較高界天。

老師

17

佈施的奇蹟

親愛的普朗，

我之前告訴你的各種憤怒對治法都跟意識或意根*有關，主要都是關於如何調整自己的心或觀點。但這封信要說的則是身體力行的方法，也就是藉由「佈施」，讓生你氣的人心軟或者轉移對方的憤怒；不過對你而言，當開始想要給予時，心中的憤怒就已經開始消退了。

---

* 原註：特別強調意的部分，是因為瞋念由心所生，因此我們必須特別指出「心」的部分，表現於外的憤怒只是自心被激擾而起的憤怒的反射；因此，深入意的中心去面對憤怒，即是從「因」的層面找到解決方法。四聖諦的法則說道，(1) 必須對痛苦或問題有所認識（苦諦），(2) 必須決心想要去除痛苦的「因」（集諦），(3) 要獲得痛苦的「止滅」（滅諦），(4) 必須修持能夠證得滅諦的「修道」（道諦）。

我曾經讀過美國前總統林肯的一篇演講，其中提到了他自己擊退敵人的方法：

　　「我消滅敵人的方法就是：讓他成為我的朋友。」

　　轉敵為友的所有方法中，「佈施」或「給予」其實最簡單，但也最困難。《清淨道論》說到佈施的果報：

> 佈施為調伏眾生的難行之藝，
> 佈施能圓滿眾願，
> 施者對施行感到歡喜，
> 而受施者則謙卑受之，報以慈語。

　　我看過一些知名的長輩實行這個方法，似乎非常有效，而且相當簡單，你也可以試試看。如果你

對某人發了脾氣或是發生不愉快，試試看送他一個小禮物或小東西，道個歉；如果你實在說不出口，或許也可以附上一張小紙條，簡單寫個「謝謝」。

一句簡單的「謝謝」，在說與不說之間可能就會造成停戰或開戰的差別，能讓兩個人深愛或痛恨對方，也能煽動對峙的團體或組織，造成暴動。「謝謝」可以製造很多奇蹟，如果正確使用這兩個字，你就會見證世界的奇蹟。

我記得小時候曾經看過排球教練對著我的一個朋友大發雷霆，朋友被羞辱得脹紅了臉，球也不練了，轉身就跑。那天傍晚，教練請大家到一家餐廳吃晚餐，還特別邀請我那位朋友到場，並當面向他道歉，也作東付了餐費。晚餐的氣氛非常融洽，教練和我的朋友化解了不快，將所有的嫌隙都拋諸腦後，終於又可以友善地面對彼此。你應該已經注意到這個事件包含了佈施的兩個步驟。

首先，教練請求學生的原諒，而學生也歡喜地接受了。教練的道歉和學生的寬宏大量即是彼此

「諒解」。

　　再者，教練還作東請客，這即是教練對所有學生更進一步的「佈施」，此事件中的每一個人都盡了自己最大的努力彼此「給予」，因此所有人的壓力和憤怒都漸漸消融，緊張感也解除了。

　　佈施總能產生奇妙的結果，只要你能隨時給予，受施者對你的憤怒就會減少，甚至找不到對你生氣的理由。佈施能使你和他人變成朋友，因此敵人也會成為你的好友，這也許是因為佈施的「功德」更甚於你的瑕疵或冒犯。就像父母責罵你，你卻不會生氣一樣，因為你很清楚他們對你的愛和付出。

　　這封信的最後，我想引述我寫的其中一本書的一段話：

　　施者的手高於受施者
　　施者的名字比受施者更令人懷念
　　施者的功德比戰士或英雄的光榮戰績更令人歡喜且久遠

佈施
即使只是佈施的念頭都能帶來快樂
給予之後，你的心充滿了喜樂
隨著歲月流逝
回首想起所有受施者的臉孔
那回憶的喜悅會讓你喜逐顏開

佈施
是永恆的真正快樂
無論在過去、現在或未來

佈施
表面看來似乎是失去
然而，有失必有得
學會給予
你便會真正獲得。

老師

18

解析怒氣根源，
看到「不真實存在」

親愛的普朗，

這封信要告訴你的憤怒對治法，比起前面的方法更加微妙。覺音論師所著的《清淨道論》，將這個方法置於佈施之前（最後才提到佈施）；不過我在此將這個方法放在倒數第二部分，稱為「解析怒氣根源，看到不真實存在」。

之所以將這個部分放在這裡，是因為此方法極為深奧、不易理解，對仍然執著於色、聲、香、味、觸和特定概念的大部分世間人而言，是很難理解的。

　　佛教巴利文原始經典把這個憤怒對治法稱為「解析」。若能仔細想想，我們生氣的對象只是具有某種特徵的物質組合（物質形體），就會知道根本沒有什麼是真正存在的，我們只是安上一個名字而已；這個人，這個讓我們生氣的標的物，根本沒有實質的存在。我們視為「人」的這個標的物，某某先生（或小姐）其實只是我們安上的一個名字，只是一種設定而已，冒犯我們的人僅是一個並不真實存在的設定物，而我們視此人為物質形體並對他感到憤怒的狀態，則是因為我們的「想像」。更深一層來說，這等同於我們在對「不真實存在的狀態」生氣，所以，如果有人竟然被「不真實存在的狀態」所觸怒，實在是沒什麼智慧，不是嗎？只會浪費精力和腦力而已。與其被不真實存在的狀態所冒犯，白白浪費精力，還不如省點力氣，做點有意義的事。

　　一旦能認知到憤怒的標的物並不真實存在，我們就能夠從不同層次來觀察這個人。我會先舉最簡

單的例子，慢慢再舉更複雜的例子：

- 將人解析為四大。
- 將人解析為五蘊。
- 將人解析為心識和物質。
- 將人解析為三十二個部位。

將人解析為四大

我們可以把人解析為自然的元素——地、水、火、風四元素，即稱為「四大」。

1.固體物質，諸如頭髮、體毛、指甲、牙齒、皮膚、血肉、肌腱、骨頭、骨髓、腎臟、脾臟、心臟、肝臟、黏膜、肺臟、小腸、大腸、剛消化的食物、消化過的食物，還有任何內在或外在的固體物質，都稱為「地大」。

2.各種液體，諸如膽汁、痰、膿、血液、汗水、脂肪、眼淚、油脂、唾液、黏液、關節的潤滑液、尿液、腦漿，以及種種內在或外在的液體，都稱為「水大」。

3. 暖熱的狀態，諸如體溫、病氣、因焦慮而燥熱、消化系統的暖熱，以及種種內在或外在的暖熱，都稱為「火大」。

4. 一種變動或能造成拉力或張力的狀態，諸如上行氣、下行氣、命氣、平住氣和遍行氣，以及呼吸的氣和其他內在或外在的變動和能造成拉力或張力的狀態，都稱為「風大」。

如果能夠看到惹我們生氣的人只是「四大」的具體化，就應該會了解實際上並沒有所謂的 A 先生、B 先生或 C 小姐，而只有「四大」的組合物，因此，讓自己對「四大」生氣有何意義呢？

將人解析為五蘊

人類除了是由四大所組成之外，我們也可以從更精細的角度來觀察，把人類細分為「五蘊」：

1. 可觸及且可見的形體，即稱為「色蘊」。

2. 各種快樂、痛苦或中性的感受，即稱為「受蘊」。

3.我們的意念，分辨或區別「這個」或「那個」的能力，即稱為「想蘊」。

4.我們的心念，無論是好的或壞的，皆稱為「行蘊」。

5.我們的識別力，諸如眼睛看到有形的色相時，辨別為物質形體；耳朵聽到聲音，將之辨別為聲音；舌頭分辨味道的能力；身體辨別出觸覺以及概念心辨別出概念，這些識別能力就稱為心識或「識蘊」。

如果檢視憤怒的對境，知道這只是「五個蘊聚」，把這個對境解析為「物質形體」和各種「心識」等，就不會認為生氣的根源真實存在；無論我們怎麼努力尋找，也不可能找到生氣的 A 先生、B 先生或 C 小姐。由此之故，我們可以問問自己：「我在氣誰？我到底想從這五堆蘊聚得到什麼？花這麼多精力在這個人身上真是浪費時間！」

將人解析為心識和物質

如果繼續細分五蘊，便只會看到兩個主要的元素：物質元素「色蘊」，以及抽象元素，包含想蘊、受蘊、行蘊和識蘊。

把我們生氣的對象解析到最後，只會看到兩個部分：形體和心識，我們生氣的對象並不真正存在，而只是一堆形體和心識的組合罷了，那麼，我們到底在氣什麼？真是無聊！這樣想的話，我們的憤怒就會消除。

將人解析為三十二個部位

把人解析為心識和物質形體可能有點難理解，這時你可以試試另一個方法，這個方法較易理解也容易看清楚，因為我們都認得出人體的三十二個部位。雖然我們認得出這些是身體的部位，卻幾乎從未領會到它們的潛在價值。當我們將憤怒的對象分解為三十二個部位時，應該這樣告訴自己：

我們憤怒的對象其實只是三十二個部位所組成

的東西，也就是頭髮、體毛、指甲、牙齒、皮膚、肌肉、肌腱、骨頭、骨髓、腎臟、心臟、肝臟、黏膜、脾臟、肺臟、小腸、大腸、剛消化的食物、消化過的食物、痰、膿、血液、汗水、脂肪、淚水、油脂、唾液、黏液、關節潤滑液、尿液和腦部。

　　讓我們以具洞察力的智慧仔細思維，是什麼部位形成那個你所憤怒的對象，無論是 A 先生、B 先生或 C 小姐？是頭髮形成 A 先生？還是指甲形成 A 先生？是牙齒、尿液還是腦部形成他這個人？似乎沒有任何一個部位能夠形成 A 先生這個人，所以，這個惹我們討厭的 A 先生並不真實存在，有的只是這三十二個各自的部位而已。若是如此，我們到底盲目地在憤怒誰？

　　如此將人解析為各種部位，直到看不到任何真實存在，使得憤怒因而消融的方法，就是徹底根除憤怒的方便法門。如果我們能夠具備正見，也就是看到人不過是各種元素、不真實存在的、短暫的組合物，是幻相，是暫時的狀態，也就不會淪為憤怒

的犧牲品，原因是：

　　1. 憤怒的對境並不存在。

　　2. 憤怒者也不存在（你若能看到他人是空的，可想而知你自己也是）。

　　根據上述的方法來修持，憤怒就會消失無影蹤，這樣的證悟會在阿羅漢果最後階段時，從慧觀中生起。即使對一般人而言，只是短暫的洞悉理解也能使憤怒保持在最低程度，不至於強烈到被憤怒所蒙蔽，他會慢慢回過神來找回覺知，並放下自己的憤怒，這和智慧的程度有關。

　　舉例來說，若有人能夠克服自己的憤怒並洞悉憤怒的本性，就如同一位智者能夠看穿外型美麗的棺木的真正作用——一具裝了屍體的棺材。無論棺材外表再怎麼莊嚴，智者也不會為棺木的美麗外型而感到歡喜。就如同具有正念覺察力的人，想抓鱔魚卻不小心抓到一條蛇的時候，他的心就會告訴他趕快把蛇丟掉。

如果我們能夠究竟地洞悉自己的憤怒，洞悉冒犯自己的人的本質，也了解到他們並不知道別人並不真實存在，不知道憤怒如同朦朧夕陽般易逝，是虛幻且短暫、不屬於「我」的情緒，那麼我們很容易就能放下自己的憤怒和憤怒的對境，高興自己已將憤怒由心中淨除，就如同把痰吐掉一樣。當憤怒不再束縛住你，你的心就自由了，而且永遠都會很輕安、清新、歡喜且平靜。

老師

19

以禪修根除憤怒

親愛的普朗，

你是否曾經注意過或問過自己以下這些問題？

1. 怒氣何時發生？
2. 對誰生氣？
3. 不會對誰生氣？

仔細思考之後，答案可能是：

＊憤怒是怎麼發生的呢？當你在進行某件事，而這件事卻不如你所預期時；或者你請別人做某件事，那個人卻沒有達到你的期望時，這時你就生氣了。再進一步觀察，你會發現，憤怒發生在當你感

到自己的心情受到刺激、羞辱、傷害，或者內心混雜著太多心事時；有時也會發生在你大失所望、心碎、難過、為了某些事而生自己的氣時，比如說：健忘、太多話、說話不經大腦、動作緩慢、懶惰等等。

讓我問你一個問題：憤怒發生在你覺得「受到干擾」時，或者當你覺得所求沒有回應時？

我認為，憤怒的發生並非因為受到任何人的干擾，或因為沒人理會我們的憤怒，這些狀態只不過是外在的顯相罷了，如果你能好好察覺這些現象，便不會受到影響。因此，我想直接了當地指出，憤怒其實發生在你失去覺性時，也就是沒有正念覺察的時候。

＊誰會生氣？你的答案可能是每個人都會生氣。這也很正確，但是更精確地說，我們其實可以把範圍縮小一點：憤怒只會影響失去覺性或沒有正念覺察的「人」。說明白一點，人內心的染污很重，

但人確實可以利用正念覺察隨時將憤怒斷除放下，就如同將石塊放在草地上一樣；換句話說，利用前面提及的九種憤怒急救法，人們就可以正確地處理憤怒的情緒。

＊誰不會生氣？你可能會說，沈睡中的人、安靜的人或整天唱歌跳舞的狂人並不會生氣。我可以告訴你，你只答對了一半。沒錯，憤怒不會發生在沈睡的人身上，但是憤怒還是在那兒；就好比在大太陽底下，你會注意到自己的影子，但是當你走到陰影中時，影子就不見了。然而影子真的（永遠）消失了嗎？答案是否定的，只要你存在的一天，影子都會出現，影子沒有出現只是因為「因緣條件」不具足。

即使在熟睡中，憤怒也不會隨著你而睡著，反而會悄悄潛入並緊緊抓著你的潛意識。如果你不相信，大可試試看逗弄一個好像已經熟睡的人，就會得到第一手經驗：你會看到沈睡的人的憤怒如何在

一旁待命，總是準備好向侵犯者反撲回擊。

安靜的人或整天唱歌跳舞的狂人同樣也避免不了憤怒的影響，憤怒只是暫時停止活動，在潛意識中休眠而已，只要因緣條件具足使它能夠生起，即使是安靜的人也會火冒三丈，大發雷霆。

在我看來，憤怒不可能出現在總是保持正念覺察的人身上，就算是一般的在家人也是一樣；而終其一生、無時無刻、每個呼吸之間都保持全然正念覺察，如同證悟者一樣的阿羅漢身上，則再也找不到一絲一毫憤怒的痕跡。

總而言之，前面提及的三個問題，答案如下：

1.憤怒會在我們失去正念覺察的時候發生。

2.沒有正念覺察的人會生起怒氣。

3.總是正念覺察的阿羅漢們是不會生氣的。

你應該仔細研讀上面所說的這三點，才能了解每個答案背後的意義。第一點表示，正念覺察的時刻並不會生起怒氣。第二點則意謂著，只要你是人

類，就會受到憤怒的影響；然而，即使只是凡人，只要沒有失去正念覺察或覺性，潛在的怒氣就無法控制你。就好比步入戰場一樣，把憤怒比喻為地雷，你的雙眼則是正念覺察心，只要你的雙眼功能正常，那麼眼前的地雷就不會有機會爆炸。

再舉一個例子讓你更明白：

憤怒猶如鼠輩
正念覺察心猶如貓
貓清醒的時刻
鼠輩無膽大搖大擺橫越貓的眼前。

總而言之，我的結論是，每一個人（包括你在內）因「憤怒」而形成的痛苦，是因為我們背離了正念覺察心。因此，如果你希望徹底治癒這個病源，沒有任何方法比禪修更好，這樣你才能夠在每個呼吸之間保持正念覺察。

我要告訴你一個簡單的禪修方法，對喜歡佛法

的人而言，這個很簡單，但是對於一直無法進入佛
法的人而言，禪修練習卻會令人覺得無聊乏味，想
要逃之夭夭。不過，好戲通常都在後頭，這就是為
什麼我把這個部分留待最後才說明，如此你就可以
馬上運用這些方法了。

　　先找個地方坐下來，放鬆身心，以蓮花座盤坐
起來，在平坦的地方交疊雙腳，右腳放在左腳上，
右手放在左手上，身體挺直，心保持專注穩定，然
後將心專注在呼吸的節奏上，吸氣，呼出；吸氣的
時候，心裡想著「一」，吐氣的時候則想著「二」。
就這樣做一會兒，心應該會變得更平靜、更專注，
如此你的正念覺察心就會出現。若能持續保持正念
覺察，你就會看到自己愈來愈好。此處所謂的「看」
到，意思是以內在洞悉之眼來看。一個能夠「看到
自己」的人，通常可以過著比較好的生活，就如同
佛陀所說的「正念之人日漸趨善」。

　　正念的禪修練習猶如以水注入大瓶，即使僅以
小杯注水，只要每天持續不懈，便能涓滴挹注，終

能滿「瓶」。正念禪修就是這樣，每天禪修個三五分鐘或十分鐘就夠了，只要能每日持之以恆，涓滴正念便能匯為涓流，直到有一天成為源源不絕的河川。到達這個階段後，你的心就會變得圓滿、精確、穩定且覺知，較不會受到任何情緒的影響或動搖，自己也會感到很美好，整個人脫胎換骨，成為一個舉手投足間皆能保持正念覺知的人。

一個在呼吸之間都能保持正念覺察的人，心中不可能有讓憤怒潛入停留的任何空間；由於超越了憤怒，他的心中無論是白天黑夜都充滿了平靜、光明和解脫，因此便能過著日夜都喜樂洋溢的生活。

這就是為什麼我說，正念相續的禪修即是絕斷憤怒的究竟方法。

老師

Anger Management by W. Vaijramedhi
Copyright © 2005 by Amarin Printing and Publishing Public Co., Ltd.
English Text © 2005 by Nopamat Veohong
Complex Chinese translation copyright © 2008
by Oak Tree Publishing Co., a division of Cite Publishing Ltd.

善知識系列 JB0050
不生氣的生活：9種平息怒氣的方法

作者：W. 伐札梅諦（W. Vaijramedhi）
英譯：諾帕瑪·佛虹（Nopamat Veohong）
中譯：江翰雯
封面設計：張培音
內文排版：雅典編輯排版工作室

發 行 人　涂玉雲
主　　編　張嘉芳
編　　輯　劉芸蓁
行　　銷　劉順眾、顏宏紋、李君宜
出　　版　橡樹林文化
　　　　　城邦文化事業股份有限公司
　　　　　台北市信義路二段 213 號 11 樓
　　　　　電話：(02)23560933　傳真：(02)23560914
發　　行　英屬蓋曼群島家庭傳媒股份有限公司城邦分公司
　　　　　台北市民生東路二段 141 號 2 樓
　　　　　書虫客服服務專線：(02)25007718；(02)25007719
　　　　　24 小時傳真專線：(02)25001990；(02)25001991
　　　　　服務時間：週一至週五上午 09:30-12:00；下午 1:30-17:00
　　　　　劃撥帳號：19863813；戶名：書虫股份有限公司
　　　　　讀者服務信箱：service@readingclub.com.tw
　　　　　城邦讀書花園網址：ww.cite.com.tw
香港發行所　城邦（香港）出版集團有限公司
　　　　　香港灣仔軒尼詩道 235 號 3 樓
　　　　　電話：(852)25086231　傳真：(852)25789337
　　　　　E-mail：hkcite@biznetvigator.com
馬新發行所　城邦（馬新）出版集團【Cite(M) Sdn.Bhd.(458372 U)】
　　　　　11, Jalan 30D/146, Desa Tasik, Sungai Besi,
　　　　　57000 Kuala Lumpur, Malaysia
　　　　　電話：(603)90563833　傳真：(603)90562833

初版一刷　2008 年 8 月
ISBN：978-986-7884-85-5
定價：250 元

城邦讀書花園
www.cite.com.tw

國家圖書館出版品預行編目資料

不生氣的生活：9種平息怒氣的方法 / W. 伐札梅諦
著；諾帕瑪‧佛虹英譯；江翰雯中譯 .
-- 初版 . -- 臺北市：橡樹林文化 , 城邦文化出版：
家庭傳媒城邦分公司發行 , 2008. 08
面； 公分 . -- ﹝善知識系列；JB0050﹞

ISBN 978-986-7884-85-5 ﹝平裝﹞

1. 佛教修持　2. 憎恨

225.87　　　　　　　　　　　　　　　97012563